# Internet
## Edición 2015

ANA MARTOS RUBIO

Todos los nombres propios de programas, sistemas operativos, equipos hardware, etc., que aparecen en este libro son marcas registradas de sus respectivas compañías u organizaciones.

Reservados todos los derechos. El contenido de esta obra está protegido por la ley, que establece penas de prisión y/o multas, además de las correspondientes indemnizaciones por daños y perjuicios, para quienes reprodujeren, plagiaren, distribuyeren o comunicasen públicamente, en todo o en parte, una obra literaria, artística o científica, o su transformación, interpretación o ejecución artística fijada en cualquier tipo de soporte o comunicada a través de cualquier medio, sin la preceptiva autorización.

Edición española:
© EDICIONES ANAYA MULTIMEDIA
 (GRUPO ANAYA, S.A.), 2015
 Juan Ignacio Luca de Tena, 15.
 28027, Madrid
 Depósito legal: M. 24.351-2014
 ISBN: 978-84-415-3624-1
 Printed in Spain

# Índice

**Introducción** .................................................................................. **6**

**1. Entre en Internet** ...................................................................... **8**
    **El cable frente al Wifi**.................................................................. **9**
        Con cable.................................................................................. 9
        Conexión inalámbrica ............................................................ 10
        Ventajas e inconvenientes ..................................................... 11
    **El router**....................................................................................... **11**
    **Las tecnologías 3G y 4G** .......................................................... **12**
    **El mejor proveedor de servicios de Internet**......................... **12**
        Los derechos del usuario de telecomunicaciones ............... 12
    **Alta y baja en Internet** .............................................................. **14**
        Recomendaciones de los expertos........................................ 14
    **Conéctese a Internet con Windows 8** ..................................... **15**
    **Internet Explorer** ...................................................................... **17**
        La ventana de Internet Explorer ........................................... 17
    **Mozilla Firefox**.......................................................................... **19**
        La barra de menú .................................................................. 21
        Los botones de navegación .................................................. 22

**2. La seguridad en Internet** ........................................................**24**
    **Información fiable**..................................................................... **25**
        Criterios médicos .................................................................. 26
    **Protéjase frente a fraudes y estafas** ....................................... **26**
    **Los virus y los espías** .............................................................. **30**
    **Windows Defender protege su equipo** ................................... **30**
        Mantenga su equipo al día ................................................... 32
    **Configure su navegador para navegar con seguridad y con privacidad**..... **32**
        Las ventanas emergentes..................................................... 33

# INTERNET. EDICIÓN 2015

      Las cookies ........................................................................................... 36
      Los robots de rastreo ........................................................................... 37
   La compra segura ...................................................................................... 39
      Formas de pago seguras en Internet ................................................... 40
   La seguridad en el correo electrónico ..................................................... 41

## 3. Internet y la WWW ............................................................................ 44
   Sitios y páginas Web ................................................................................ 45
      Los vínculos ........................................................................................ 46
      Las direcciones de Internet ................................................................ 46
      Las barras de desplazamiento ........................................................... 48
      Visite una Web a página completa ..................................................... 49
      El zoom ................................................................................................ 50
      Ir de un sitio Web a otro ...................................................................... 50
   Personalice su navegador ........................................................................ 52
      La página principal ............................................................................. 52
      El navegador predeterminado ........................................................... 54
   Marcadores o Favoritos ............................................................................ 55
      La barra de Favoritos o Marcadores ................................................. 59
      Importar y exportar marcadores o favoritos ..................................... 61
   Guarde e imprima páginas Web ............................................................... 62
      Guardar e imprimir una imagen ......................................................... 64

## 4. El correo electrónico ........................................................................ 66
   La dirección de correo electrónico .......................................................... 67
   El mosaico Contactos ............................................................................... 68
      La ventana Contactos ......................................................................... 69
   Outlook ....................................................................................................... 70
      La Bandeja de entrada de Outlook ..................................................... 72
         Las redes sociales ...................................................................... 73
         Los archivos adjuntos ................................................................ 74
         Gestione los mensajes recibidos ............................................. 75
      Redacción de mensajes ..................................................................... 78
      La carpeta Borradores ....................................................................... 81
      Los hipervínculos ............................................................................... 83
      El correo no deseado ......................................................................... 83
      Los mensajes eliminados .................................................................. 84
      Los mensajes enviados ..................................................................... 85
      Buscar un mensaje ............................................................................. 85

**INFORMÁTICA PARA MAYORES**

**Gmail** .................................................................................................... **86**
    **Acceso a la cuenta** ........................................................................ **87**
    **Los contactos** ................................................................................ **88**
        **Los círculos** .......................................................................... **88**
        **Agregar, editar y eliminar contactos** ................................. **88**
        **Importar y exportar contactos** ............................................ **89**
    **Las carpetas** ................................................................................... **91**
    **Gestión del correo** ........................................................................ **93**
        **Las conversaciones de Gmail** ............................................ **97**
    **Recuperar mensajes** .................................................................... **97**
    **Buscar mensajes** .......................................................................... **98**
    **Darse de baja en Gmail** ................................................................ **99**

## 5. Las búsquedas en Internet ........................................... 100
    **Técnicas para buscar** .................................................................. **101**
        **Búsqueda por palabras clave** ............................................. **101**
        **La búsqueda avanzada** ....................................................... **103**
            **La búsqueda exacta** .................................................... **105**
        **Buscar imágenes, vídeos, mapas y noticias** ..................... **106**
        **Buscar mapas** ...................................................................... **108**
        **Buscar noticias** .................................................................... **109**

## 6. El lado práctico de Internet ........................................ 110
    **La Administración en línea** ......................................................... **111**
    **El Banco** ......................................................................................... **111**
    **La compra en línea** ...................................................................... **112**
        **El alquiler y los servicios en línea** ...................................... **114**
            **Alquilar un coche** ......................................................... **114**
        **Libros, música y películas** .................................................. **115**
        **La compra-venta en Internet** .............................................. **116**

## Apéndice ............................................................................ 118
    **La nube** ........................................................................................... **119**
        **Dropbox** ................................................................................. **119**
        **Configuración de Dropbox** ................................................. **120**
        **Alojar vídeos en Dropbox** ................................................... **122**
        **Compartir vídeos en Dropbox** ............................................ **123**
        **OneDrive** ................................................................................ **125**

# Introducción

Hace mucho tiempo que Internet se instaló en nuestras vidas y forma parte de muchas de nuestras actividades diarias.

Hoy, todo está en Internet. El conocimiento, la comunicación, la ciencia, el ocio, la amistad, el arte. Por desgracia, también están el fraude, la ambición, la violencia y el desatino, porque, al fin y al cabo, Internet no es más que un mundo paralelo al mundo real que vivimos, al que refleja como un espejo. Por eso es importante conocerlo, manejarlo, disfrutarlo y defendernos de su lado oscuro.

Si ya conoce Internet, este libro le ayudará a adecuar sus conocimientos a la nueva versión del sistema operativo de Microsoft, Windows 8.1, y le mostrará las novedades de los navegadores de la Red. Si no conoce Internet o aún no ha entrado de lleno en la Red, este libro le llevará, paso a paso, por el camino del conocimiento, del control, del aprovechamiento y del disfrute de sus ilimitados recursos, con las medidas precisas para su seguridad y para su privacidad.

Éste no es un libro para leer, sino para consultar y para practicar. Recorra el índice y deténgase en el punto que le interese. Ponga en marcha su ordenador y siga las instrucciones del libro para llegar a su meta.

Le resultará fácil y gratificante.

# 1

## Entre en Internet

Windows está diseñado para trabajar con Internet. Por ello, la conexión es totalmente automática y solamente es preciso disponer de un contrato con uno de los muchos operadores que ofrecen conexión a la Red.

## EL CABLE FRENTE AL WIFI

A la hora de contratar servicios de Internet, conviene conocer las ventajas y los inconvenientes de utilizar una conexión con cable o una conexión inalámbrica.

### Con cable

La conexión con cable consiste en conectar un router a la parte trasera del ordenador mediante un cable. El ordenador contiene una tarjeta de comunicaciones, llamada tarjeta Ethernet, que muestra un conector en la parte trasera al que hay que enlazar el router. Es el puerto Ethernet. El router debe a su vez conectarse a la línea telefónica y a la red eléctrica.

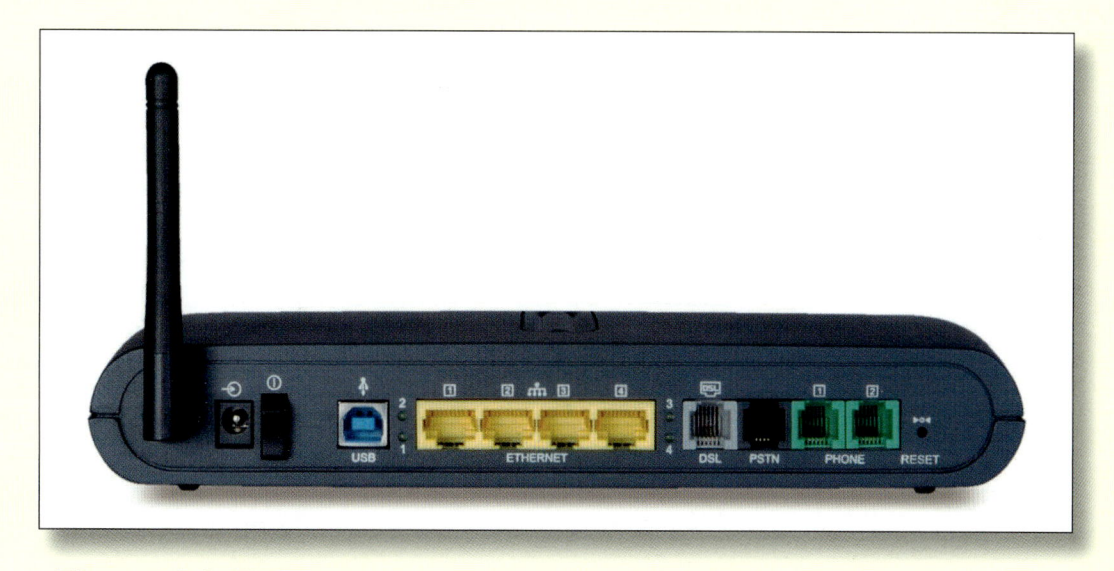

**Figura 1.1.** El router muestra varios puertos Ethernet para conectar varios equipos.

## Conexión inalámbrica

Además de la tarjeta de comunicaciones, los ordenadores portátiles, y algunos de sobremesa, traen incorporado un dispositivo capaz de detectar las redes inalámbricas existentes y de conectarse a cualquiera de ellas, siempre que se conozca la contraseña de acceso.

**Figura 1.2.** Windows detecta las redes inalámbricas existentes.

**Nota:** Wi-Fi es una tecnología sin cables muy útil y fácil de instalar. Los dispositivos Wi-Fi crean una red inalámbrica que emite una señal a la que puede conectarse cualquier ordenador que disponga del adaptador necesario. Existen numerosos locales públicos, como ayuntamientos, restaurantes, hoteles, casas de cultura e incluso parques, que ofrecen cobertura Wi-Fi gratuita. Muchas redes Wi-Fi municipales abarcan distancias considerables, permitiendo conectarse gratuitamente en lugares abiertos.

## Ventajas e inconvenientes

La conexión por cable es más segura, no solamente en cuanto a que los datos circulan con mayor protección, sino que no se pierde velocidad de transmisión. Se pueden conectar varios equipos según el número de puertos de entrada que tenga el router. La desventaja de este tipo de conexión es la necesidad de tender cableados que a veces resultan molestos en una vivienda, sobre todo, si hay distancia entre los aparatos.

La conexión inalámbrica resulta muy cómoda, pues no precisa cables, sino que el equipo se conecta al router mediante un dispositivo Wi-Fi cuya señal alcanza una distancia de 20 a 50 metros. Se pueden conectar al mismo router diversos elementos como ordenadores, consolas, teléfonos móviles o tabletas. La desventaja de este tipo de conexión es la pérdida de señal debido a barreras naturales como las paredes de la vivienda o las interferencias de otros aparatos, lo que significa una disminución importante de la velocidad de transmisión.

# EL ROUTER

El router es un dispositivo para conectar redes de comunicaciones, cuya función es transmitir los paquetes de información para que lleguen a su destino. El router permite conectar más de un equipo mediante conexión por cable o inalámbrica. Para la conexión inalámbrica, su proveedor de servicios de Internet le facilitará una contraseña que usted deberá escribir cuando Windows la solicite.

## LAS TECNOLOGÍAS 3G Y 4G

Las tecnologías 3G y 4G son respectivamente la tercera y cuarta generación de tecnología para conexión a Internet de dispositivos móviles, como teléfonos y algunas tabletas electrónicas. Alcanzan gran velocidad y calidad de transmisión incluso en lugares en los que apenas hay cobertura móvil.

## EL MEJOR PROVEEDOR DE SERVICIOS DE INTERNET

Los proveedores de servicios de Internet son empresas con las que es preciso contratar la conexión a la Red. Cada proveedor ofrece diferentes alternativas en cuanto a tarifas y prestaciones.

La diferencia entre un proveedor y otro no está solamente en el precio y en las prestaciones, como velocidad, cuentas de correo electrónico o espacio personal disponible, sino también en la respuesta a problemas y averías. Es importante que el proveedor responda adecuadamente cuando sea preciso recibir asistencia técnica, que aporte la ayuda necesaria y que ofrezca asesoría siempre que se necesite. También es importante que el operador ofrezca un teléfono gratuito para consultas y solicitud de ayuda. Recuerde que los números que empiezan por 901 o 902 no solamente no son gratis, sino que las llamadas no están comprendidas en las tarifas planas de telefonía.

### Los derechos del usuario de telecomunicaciones

Antes de iniciar los trámites para la contratación de servicios de Internet, es importante que conozca sus derechos como usuario, especialmente en lo que se refiere a altas y bajas,

**INFORMÁTICA PARA MAYORES**

tarifas, cambios de operador, etc. No olvide que existe una legislación precisa al respecto. El Ministerio de Industria, Energía y Turismo ofrece una oficina de atención al usuario de telecomunicaciones.

Encontrará toda la información relativa a sus derechos, a los operadores de telefonía e Internet, así como la posibilidad de presentar reclamaciones, y otros servicios en la dirección web, www.usuariosteleco.es, haciendo clic en Derechos del usuario.

También puede utilizar los números de teléfono siguientes: 968 010 362 y 901 336 399.

**Figura 1.3.** Los derechos del usuario de telecomunicaciones.

13

**INTERNET. EDICIÓN 2015**

## ALTA Y BAJA EN INTERNET

Darse de alta en Internet es tan fácil como aceptar la oferta más adecuada de uno de los numerosos operadores de telecomunicaciones. Darse de baja, a veces es algo más complejo.

### Recomendaciones de los expertos

- Hay que saber que las empresas que prestan servicio de ADSL tienen obligación de publicar los datos sobre sus redes y servicios en la página anteriormente indicada del Ministerio de Industria.

- Los contratos que incluyen permanencia pueden ser un arma de doble filo. Por un lado, ofrecen descuentos y ofertas importantes, pero penalizan económicamente por darse de baja antes de finalizar el plazo contratado.

- Antes de darse de baja, es recomendable llamar al servicio de atención al cliente para enterarse de lo que hay que hacer, tenga o no tenga permanencia. La ley determina que se puede tramitar la baja por teléfono. Recuerde que las compañías graban las conversaciones con el cliente y esa misma grabación es testimonio para ambas partes, porque el operador está obligado a facilitar al cliente el número de serie de la grabación. La ley señala que la baja ha de tomar efecto 15 días a partir de la solicitud del usuario y dos días desde que el operador inicia el proceso.

- Si no le atienden en su solicitud, reclame a Industria o a Consumo. El ayuntamiento de su localidad le informará de dónde encontrar la oficina de Consumo correspondiente. También la podrá localizar en Internet en la dirección web www.atencionalconsumidor.com.

## CONÉCTESE A INTERNET CON WINDOWS 8

Con Windows 8, la conexión a Internet es prácticamente automática. Antes de poner en marcha el equipo, conecte el cable que une el router con el puerto Ethernet y conecte el router a la red eléctrica y a la línea telefónica. Si va a utilizar Wi-Fi, solamente tendrá que encender el router para que Windows capte la señal. Escriba la contraseña de seguridad que le habrá facilitado su proveedor, cuando Windows se lo requiera.

**Importante:** En todos los casos, recuerde que puede recabar la ayuda de su proveedor de servicios de Internet, quien debe resolverle todas las dudas que se planteen a la hora de instalar los dispositivos, de establecer la conexión o de poner en marcha el correo electrónico.

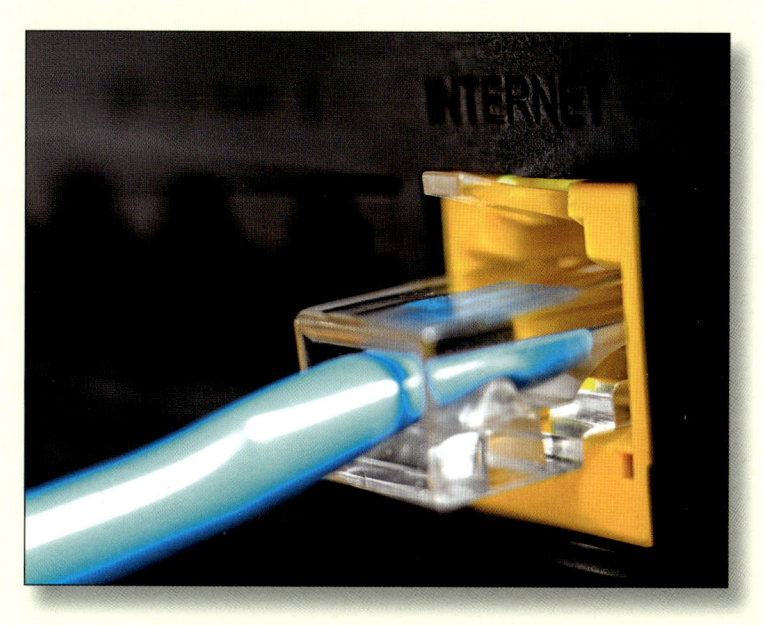

**Figura 1.4.** Conecte los cables al puerto Ethernet y a la línea telefónica.

# INTERNET. EDICIÓN 2015

**PRÁCTICA:**

Si tiene posibilidades de conectarse tanto con cable como por Wi-Fi, es posible que Windows le presente un asistente para que elija su conexión a Internet. En tal caso, haga lo siguiente:

1. Haga clic en Conectarse a Internet. Haga clic en el botón **Siguiente**.
2. Haga clic en Banda ancha (PPPoE).
3. Escriba el nombre de usuario y la contraseña que le ha facilitado su proveedor. Escriba un nombre para la conexión. Puede ser cualquier nombre que la distinga de otras conexiones.
4. Si lo desea, haga clic en la casilla Permitir que otras personas usen esta conexión.
5. Haga clic en el botón **Conectar.**
6. Cuando la conexión esté lista, podrá ver el icono correspondiente en la parte derecha de la barra de tareas de Windows, en el Escritorio.

   - Si tiene conexión por cable.

   - Si tiene conexión inalámbrica.

Si hace clic con el botón derecho del ratón en el icono de la conexión, aparecerá un menú en el que podrá elegir la opción Abrir el Centro de redes y recursos compartidos. En este cuadro podrá ver la configuración básica de su conexión y la información de la misma.

# INTERNET EXPLORER

Para navegar por Internet es imprescindible disponer de un programa cliente, es decir, un programa capaz de solicitar información de los servidores. Los servidores son ordenadores que contienen y sirven información y se accede a ellos a través de Internet. Este programa cliente se llama navegador o explorador. Windows tiene su propio explorador, Internet Explorer, pero le dará la opción de instalar más de uno.

### PRÁCTICA:

Haga clic con el botón derecho del ratón sobre el mosaico Internet Explorer de la pantalla Inicio de Windows 8 y seleccione Anclar a la barra de tareas en el menú contextual. Haga clic en el mosaico Escritorio para pasar al Escritorio y comprobarlo. Ahora podrá poner Internet Explorer en marcha haciendo clic sobre el botón de la barra de tareas o, bien, sobre el mosaico.

## La ventana de Internet Explorer

Observe la ventana de Internet Explorer que aparece en la figura 1.5. La parte superior de la pantalla muestra la barra de direcciones de Internet Explorer, donde se escribe la dirección de la página que se desea visitar. A la izquierda de la barra de direcciones, puede ver los botones **Atrás** y **Adelante**.

En el interior de la barra de direcciones hay dos botones:

- **Buscar.** Muestra una lupa. Haga clic en él para buscar una página después de escribir su nombre en la barra de direcciones, por ejemplo, `anaya multimedia`.

## Internet. Edición 2015

- **Actualizar.** Haga clic en él para recargar una página que tarda en cargarse o para volver a cargar una página guardada en su equipo.

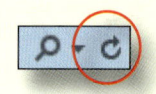

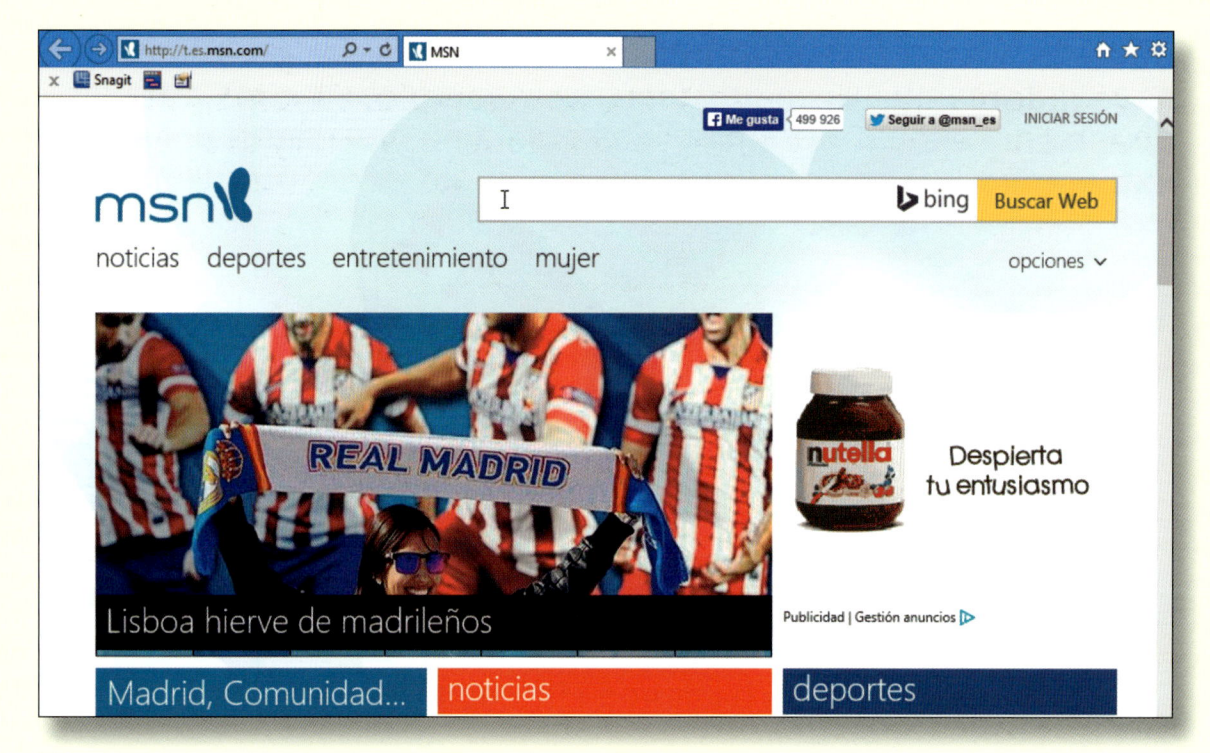

Figura 1.5. La ventana de Internet Explorer.

En el extremo derecho, están los botones **Página principal**, **Favoritos** y **Herramientas**.

- **Atrás** y **Adelante** le permiten acceder a la página Web anterior y a la siguiente. Estarán activas cuando haya visitado más de una página.

- **Página principal** es útil para regresar a la página inicial desde cualquier lugar de Internet en que se encuentre.

- **Favoritos** establece un enlace con páginas Web a las que quiera acceder con frecuencia.

- **Herramientas** despliega un menú de opciones para configurar el navegador.

## MOZILLA FIREFOX

Firefox es uno de los navegadores más completos y prácticos. En la práctica siguiente, lo descargaremos e instalaremos. Después, usted podrá aplicar una técnica similar para otros navegadores que desee instalar, por ejemplo, Chrome, en la dirección web `www.google.es` u Opera, en `www.opera.com/es-es`.

Figura 1.6. La página de Google ofrece descargar su navegador Chrome.

**PRÁCTICA:**

Descargue Firefox.

1. Ponga en marcha Internet Explorar y escriba `www.mozilla.org/es-ES` en la barra de direcciones. Pulse la tecla **Intro**.

2. Haga clic en Descarga gratuita.

3. En las descargas, Internet Explorer presenta siempre un cuadro alargado para preguntar si desea abrir o guardar el archivo a descargar. Haga clic en **Guardar**.

4. Al finalizar la descarga, Internet Explorar presenta de nuevo el cuadro para preguntar si desea ejecutar o ver la descarga. Haga clic en el botón en forma de aspa para cerrar este cuadro. Encontrará el archivo de Firefox en la carpeta Descargas (véase figura 1.7).

**INTERNET. EDICIÓN 2015**

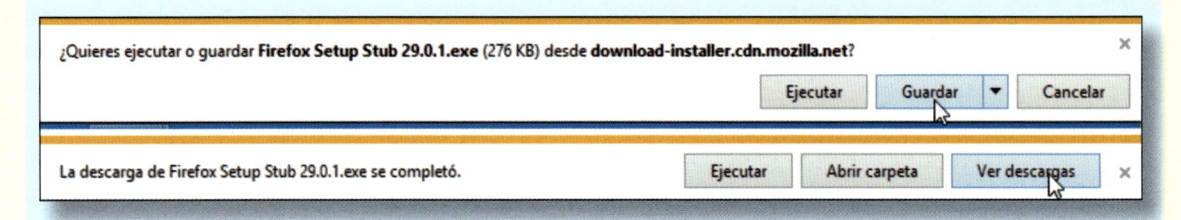

**Figura 1.7.** Internet Explorer presenta estos cuadros en las descargas.

PRÁCTICA:

Instale Firefox.

1. Haga clic en el mosaico Escritorio para acceder al Escritorio de Windows y haga clic en el botón **Explorador de archivos**.

2. Localice la carpeta Descargas en la zona izquierda de la ventana del Explorador y haga doble clic para abrirla. El archivo descargado aparecerá en la zona central del Explorador de archivos.

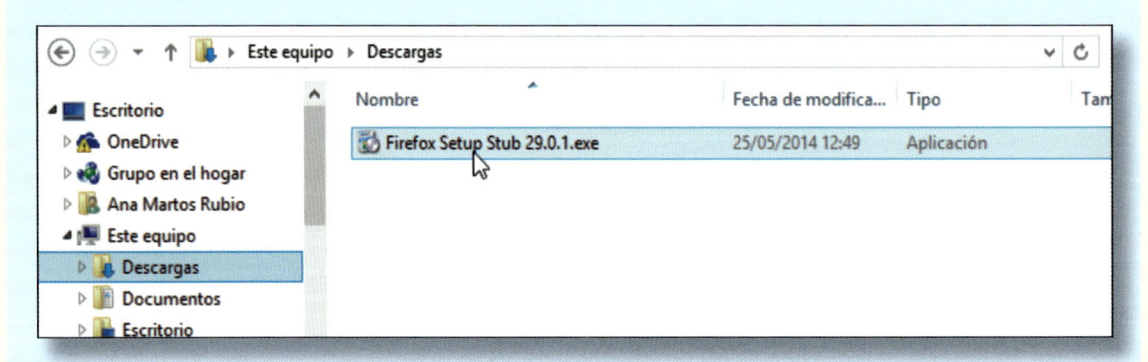

**Figura 1.8.** Localice el archivo descargado con el Explorador de archivos.

3. Haga doble clic sobre el archivo descargado para instalarlo.

4. La instalación es prácticamente automática. Firefox solicitará ser su navegador predeterminado.

**INFORMÁTICA PARA MAYORES**

5. Windows creará un mosaico para ejecutar Firefox. Localícelo en en la ventana Aplicaciones de Windows (en la M de Mozilla Firefox) y haga clic sobre él con el botón derecho para abrir el menú. Seleccione Anclar a Inicio o Anclar a la barra de tareas, para tener el mosaico de Firefox al alcance.

## La barra de menú

Firefox dispone de una barra de menú que facilita mucho el trabajo. Haga clic con el botón derecho del ratón sobre la parte superior derecha de la ventana y seleccione Barra de menús en el menú contextual. Puede ver la barra activada en la figura 1.9.

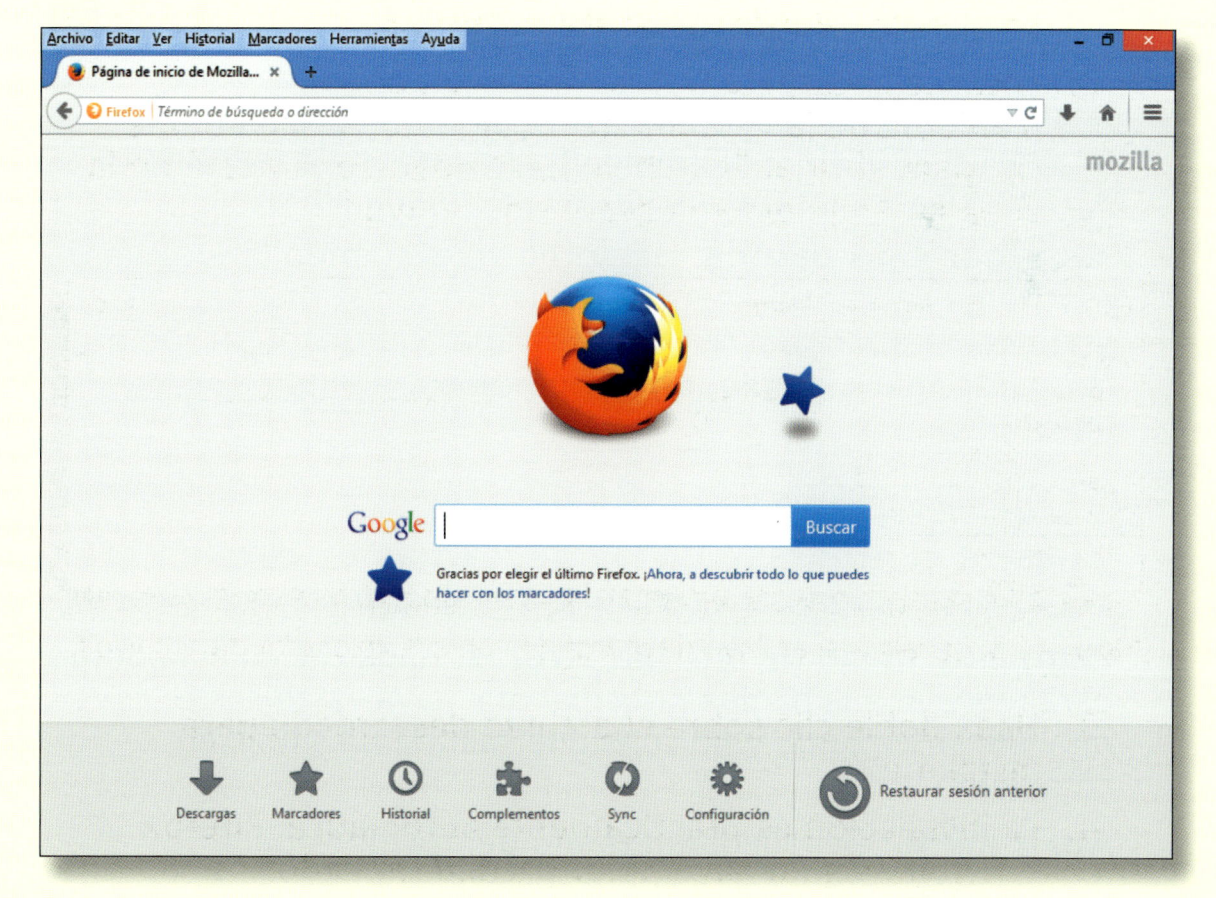

**Figura 1.9.** La ventana de Firefox con la barra de menú.

21

# Internet. Edición 2015

## Los botones de navegación

La ventana de Firefox que muestra la figura 1.9 presenta los botones siguientes:

- **Cerrar pestaña**. Es el pequeño botón con forma de aspa que aparece junto al nombre de la página Web abierta, en este caso Página de inicio de Mozilla Firefox. Haga clic en él para cerrar una pestaña y mantener las restantes pestañas abiertas.

- **Abrir una pestaña nueva**. Se encuentra junto a la pestaña Página de inicio y muestra una pequeña cruz. Haga clic en él para abrir una pestaña en blanco y alojar una nueva página Web sin cerrar las demás.

Dentro de la barra de direcciones, en la que se escriben las direcciones Web, hay dos botones:

- **Historial**. Muestra una flecha triangular. Haga clic en él para abrir una ventana con el historial de búsquedas para localizar algo que buscó en una fecha anterior.

- **Recargar esta página**. Haga clic en él cuando Firefox tarde mucho en cargar una página o cuando tenga que actualizar una página guardada que puede haber cambiado desde que la guardó, por ejemplo, un periódico en línea.

En el extremo derecho, hay tres botones:

- **Muestra el progreso de las descargas en curso**. Haga clic en este botón para controlar sus descargas.

- **Página de inicio de Mozilla Firefox**. Haga clic en este botón para regresar a la página principal que haya establecido. Es muy útil si se pierde y no consigue salir de un sitio Web complejo.

- **Abrir menú**. Despliega un menú de opciones para personalizar Firefox.

## Informática para mayores

En el parte inferior de la ventana, hay siete botones grandes, algunos de los cuales realizan funciones similares a las opciones de los menús anteriores. Haga clic en cada uno de ellos para explorarlos.

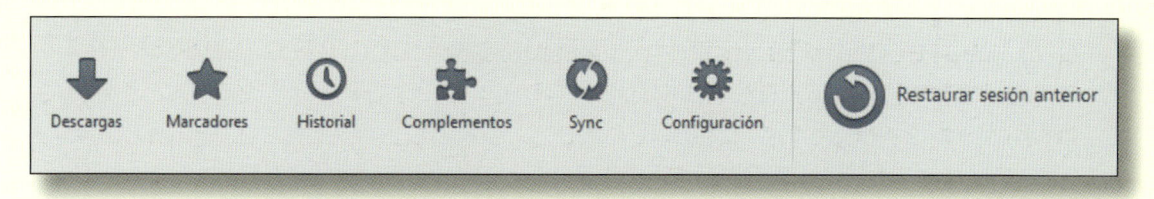

**Figura 1.10.** Botones que presenta Firefox en la parte inferior de su ventana .

De izquierda a derecha, son:

- **Descargas**. Es igual que el botón **Muestra el progreso de las descargas en curso**. Haga clic en él cuando esté realizando una descarga de Internet, para ver lo que falta o el tiempo que va a tardar.
- **Marcadores**. Abre el menú de marcadores para gestionarlos. Veremos los marcadores en el capítulo 3.
- **Historial**. Muestra una ventana con el historial de búsquedas, para localizar algo que se ha buscado en una fecha anterior.
- **Complementos**. Da acceso al menú para agregar, activar o desactivar complementos, extensiones y plugins.
- **Synch**. Permite sincronizar las contraseñas, marcadores y preferencias de Firefox con otros dispositivos.
- **Configuración**. Da acceso a la ventana para configurar Firefox.
- **Restaurar sesión anterior.** Permite regresar a la búsqueda o acción que se estuviera realizando antes de cerrar Firefox. Este botón solamente aparece después de haber cerrado el navegador dejando una acción inacabada.

# 2

# La seguridad en Internet

Internet no deja de ser el reflejo del mundo actual, con sus luces y sus sombras, sus aspectos positivos y sus aspectos negativos. Precisamente por eso, conviene conocer sus dos caras para prevenir posibles desengaños o perjuicios.

## INFORMACIÓN FIABLE

Muchas páginas Web se dejan de utilizar, pero no siempre sus autores se ocupan de retirarlas. Son páginas muertas cuyo contenido no tiene validez. Por eso, es importante observar no solamente la fecha de publicación, sino la fecha de actualización de las páginas Web para comprobar que la información es útil, sobre todo si se trata de una oferta o una noticia de interés.

Miércoles, 28 de mayo de 2014 | Última actualización: 10:23

En Internet, cualquiera puede publicar cualquier información sin que haya más límite que la legislación. Por eso, es importante comprobar quién firma un documento cuya información pueda resultar importante y qué titulación o créditos tiene para ello. Si se trata de datos que traten de salud, ya sea física o mental, de descubrimientos o inventos, de ciencia, de historia, etc., conviene verificar quién ha redactado el escrito y qué institución o titulación le avala. Por ejemplo, en la figura 2.1 puede ver la información sobre el autor o autores de un periódico en línea.

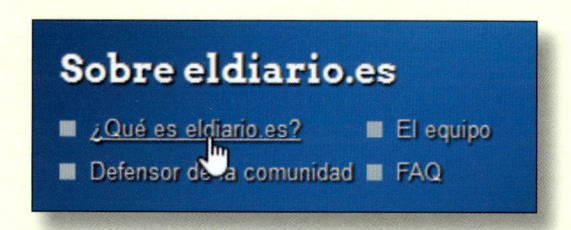

**Figura 2.1.** ¿Quién es? o ¿Quiénes somos?
Haga clic para obtener información.

## Criterios médicos

La información sobre salud es la más delicada de todas las que podemos encontrar en la Red. Según un informe de la Sociedad Española de Informática y Salud, para poder conceder credibilidad a una página de Internet dedicada a la salud, es imprescindible que cumpla, al menos, los siguientes criterios:

- Debe ser identificable, es decir, contener el nombre y dirección de quién está detrás y avisar de posibles intereses comerciales.
- Debe contener la identificación y la filiación de los autores de la información sobre salud y de las fuentes de donde procedan los datos allí publicados.
- El contenido debe estar al día, vigente. Debe figurar la fecha de actualización y ser reciente.
- Los autores de las publicaciones, médicos, enfermeros, psicólogos, etc., deben estar titulados para ejercer la profesión en el país donde se publica esa información.
- Debe mantener la confidencialidad y seguridad de los datos médicos.

# PROTÉJASE FRENTE A FRAUDES Y ESTAFAS

En Internet, como en el mundo real, se producen timos y estafas que es necesario conocer para poderlos evitar. Uno de los métodos de fraude más extendidos es el llamado *phising* (suplantación de identidad), que consiste en simular la página de un banco o caja de ahorros y solicitar a los usuarios de Internet su número secreto o contraseña. Una vez conocen este dato, los timadores extraen todo el dinero de la cuenta bancaria de la víctima.

## INFORMÁTICA PARA MAYORES

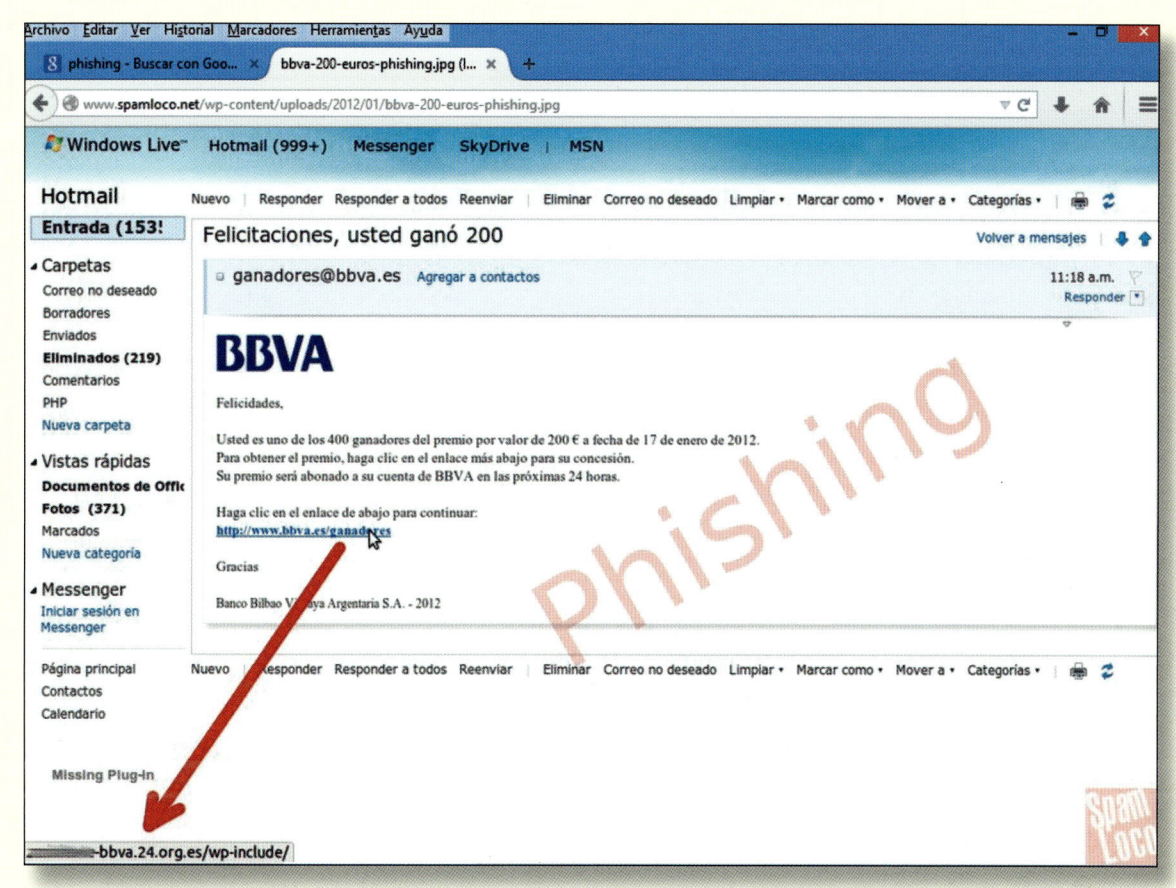

**Figura 2.2.** Un ejemplo de mensaje fraudulento enviado por correo electrónico que simula ser el BBVA.

Navegar con seguridad supone conocer los peligros y protegerse frente a ellos. Además de tener siempre instalados programas de protección para su equipo, como antivirus y antiespías, es conveniente asesorarse en sitios Web que ofrecen información verídica al ciudadano sobre sus derechos, sobre las amenazas de la Red y sobre los medios de protección.

La Ley de Servicios de la Sociedad de la Información, de 2008, obliga a los proveedores de servicios de Internet a informar a sus clientes sobre los virus, fraudes y amenazas de la Red. El Instituto Nacional de Tecnologías de la Información (INTECO) ofrece información y asesoría acerca de las amenazas de Internet y de la forma de protegerse.

# Internet. Edición 2015

**PRÁCTICA:**

Obtenga información sobre la seguridad en Internet en las páginas del INTECO.

1. Ponga en marcha su navegador de Internet.
2. Escriba www.inteco.es en la barra de direcciones y pulse **Intro**.
3. En la web de INTECO, haga clic en OSI, en la barra de enlaces situada en la parte superior de la página. Accederá a la Oficina de seguridad del internauta.
4. Lea los contenidos haciendo clic en los enlaces que le interesen, por ejemplo, en Formación encontrará toda la información necesaria para conocer las amenazas que acechan al internauta y cómo protegerse.

Figura 2.3. El INTECO ofrece todo tipo de información y asesoría para navegar por Internet con seguridad y privacidad.

También puede encontrar información completa sobre las amenazas y los fraudes de Internet en la página Web de la Asociación de Internautas:

## INFORMÁTICA PARA MAYORES

**PRÁCTICA:**

Infórmese en la Asociación de Internautas.

1. Escriba `seguridad.internautas.org` en la barra de direcciones del navegador y pulse **Intro**.
2. Haga clic en Temas de seguridad y después en Utilidades. Seleccione en cada menú las opciones que desee.
3. Encontrará también una guía rápida para reconocer las páginas falsas que simulan ser páginas bancarias y una guía rápida de los fraudes de la Red. Si no las localiza, escriba `guia rapida` en la casilla de búsquedas de la página principal y haga clic en **Buscar**.

**Figura 2.4.** La barra de menú de la Asociación de Internautas y la casilla de búsquedas.

**Advertencia:** Si realiza alguna descarga de la Red, es posible que una ventana solicite su número de teléfono móvil con el fin enviarle un código de descarga. Si no se trata de una tienda o sitio conocido y de confianza, es preferible que no dé su teléfono, porque le pueden cargar cifras importantes.

## LOS VIRUS Y LOS ESPÍAS

Los virus informáticos son programas malignos que se introducen en el ordenador y causan desastres que van desde lentificar el funcionamiento hasta destruir los archivos y programas. Estos virus se deslizan dentro del ordenador al visitar determinadas páginas Web, mediante el correo electrónico, al descargar programas o imágenes o por otros medios.

Una de las formas de virus más comunes en Internet son los espías. Se trata de programas que se instalan en el ordenador sin que el usuario se aperciba y que después le envían publicidad y ofertas no deseadas, como juegos en línea, premios de concursos, etc. Además, los espías lentifican el funcionamiento del ordenador.

Para eliminar estos programas, es necesario instalar un antiespías. Generalmente, los antivirus que se adquieren en tiendas de informática suelen llevar incorporada una función antiespías.

## WINDOWS DEFENDER PROTEGE SU EQUIPO

Windows 8 trae incorporado un antivirus y todas las herramientas necesarias para proteger su equipo, por tanto, si tiene Windows 8 no es necesario que adquiera otro antivirus.

> **PRÁCTICA:**
>
> Para acceder al Centro de Actividades de Windows, hay que hacer lo siguiente:
>
> 1. Haga clic en el icono **Centro de actividades** que tiene forma de banderín y está situado a la derecha de la barra de tareas.

**INFORMÁTICA PARA MAYORES**

2. Haga clic en Abrir Centro de actividades y, en el cuadro Centro de actividades, haga clic en Seguridad.

3. Observe que todas las herramientas de seguridad están activadas. Si alguna está desactivada, haga clic sobre ella para activarla.

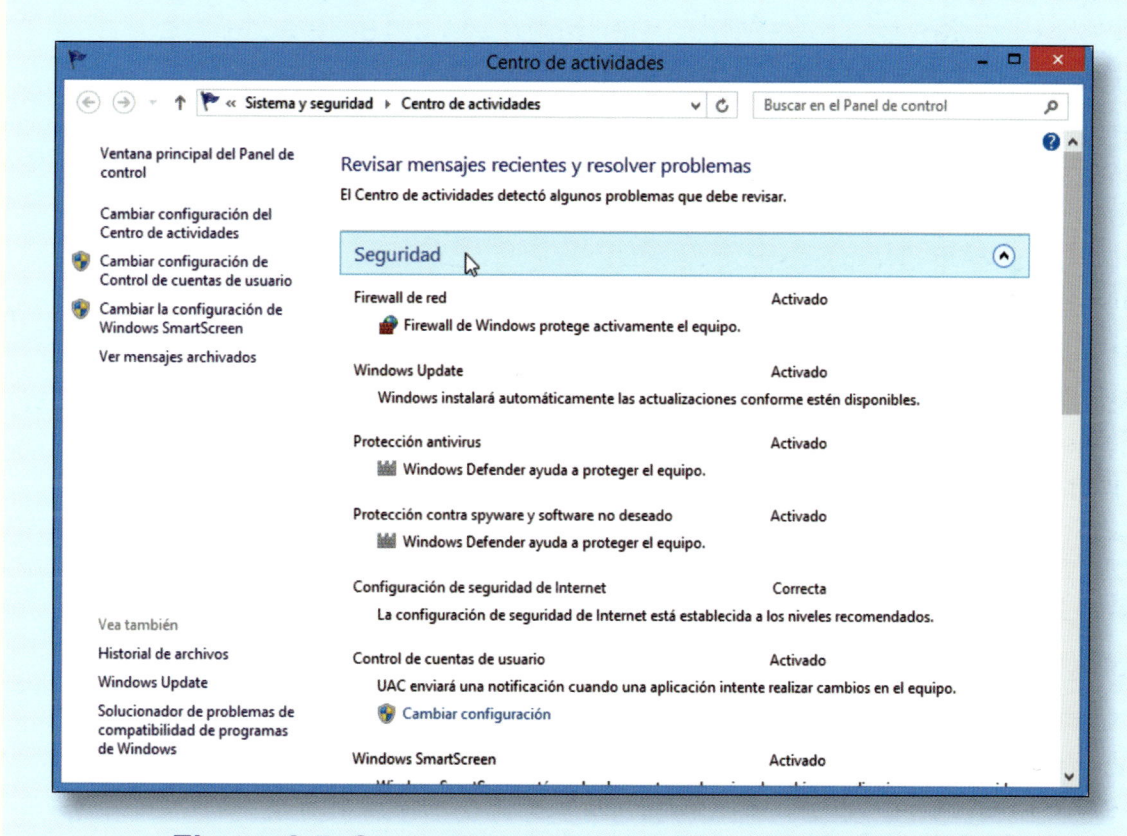

**Figura 2.5.** Su equipo está protegido con Windows 8.

**Advertencia:** Tener dos antivirus instalados no solamente no garantiza la seguridad, sino que puede dar lugar a conflictos y a desprotección, porque ambos antivirus competirán por los recursos de su equipo y pueden llegar a neutralizarse mutuamente. Téngalo en cuenta si adquiere un equipo con antivirus para desactivarlo o desactivar Windows Defender.

## Mantenga su equipo al día

Los virus y otras amenazas se modifican constantemente, por lo que es imprescindible mantener al día la protección del ordenador. Windows Defender se actualiza automáticamente con los antivirus y antiespías más recientes de Microsoft.

El propio sistema operativo Windows se actualiza de forma automática (si no se le indica lo contrario). Puede comprobarlo en el Centro de actividades que hemos visto anteriormente y aparece en la figura 2.5. Observe que la opción Windows Update indica que las actualizaciones de Windows se instalarán automáticamente según estén disponibles. El sistema le informará oportunamente de cada actualización.

Los navegadores también se actualizan con versiones que mejoran las anteriores y presentan mayor resistencia a las amenazas de la Red. Actualice su navegador cuando éste se lo indique.

## CONFIGURE SU NAVEGADOR PARA NAVEGAR CON SEGURIDAD Y CON PRIVACIDAD

Todos los navegadores de Internet tienen opciones para configurarlos de manera que se pueda explorar la Red de forma segura y privada. Normalmente, al instalar el navegador ya vienen activados todos los recursos para proteger al usuario, como el bloqueo de sitios Web identificados como falsos o capaces de enviar virus o espías al internauta que los visita.

Para comprobarlo, observe las opciones siguientes y verifique que están activadas aquellas que protegen sus pasos por la Red:

- En Internet Explorer, haga clic en el botón **Herramientas**, seleccione Opciones de Internet y después haga clic en las pestañas Seguridad y Privacidad del cuadro de diálogo Opciones de Internet.

# INFORMÁTICA PARA MAYORES

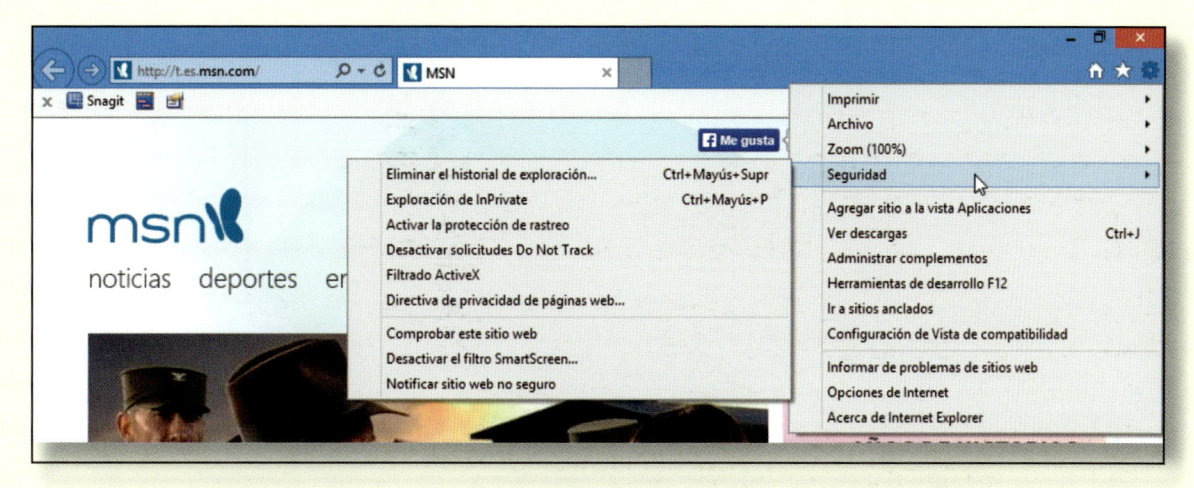

**Figura 2.6.** El menú Seguridad de Internet Explorer.

- En Firefox, haga clic en el botón **Abrir menú**, después en Opciones y, en el cuadro de diálogo Opciones, haga clic en Seguridad y luego en Privacidad.

## Las ventanas emergentes

Las ventanas emergentes, conocidas como *popups* en la jerga informática, son anuncios o mensajes que surgen en la pantalla cuando visitamos algunas páginas Web.

No son peligrosas en principio, pero sí molestas y hacen perder tiempo porque obstaculizan la vista y hay que cerrarlas una a una haciendo clic en el botón en forma de aspa. Otras se cierran espontáneamente al cabo de unos segundos.

Para evitarlas, cada navegador cuenta con una herramienta concreta:

- Internet Explorer ofrece un dispositivo llamado Bloqueador de elementos emergentes, Compruébelo haciendo clic en el botón **Herramientas**, seleccionando Opciones de Internet y después haciendo clic en la pestaña Privacidad del cuadro de diálogo Opciones de Internet.

33

**INTERNET. EDICIÓN 2015**

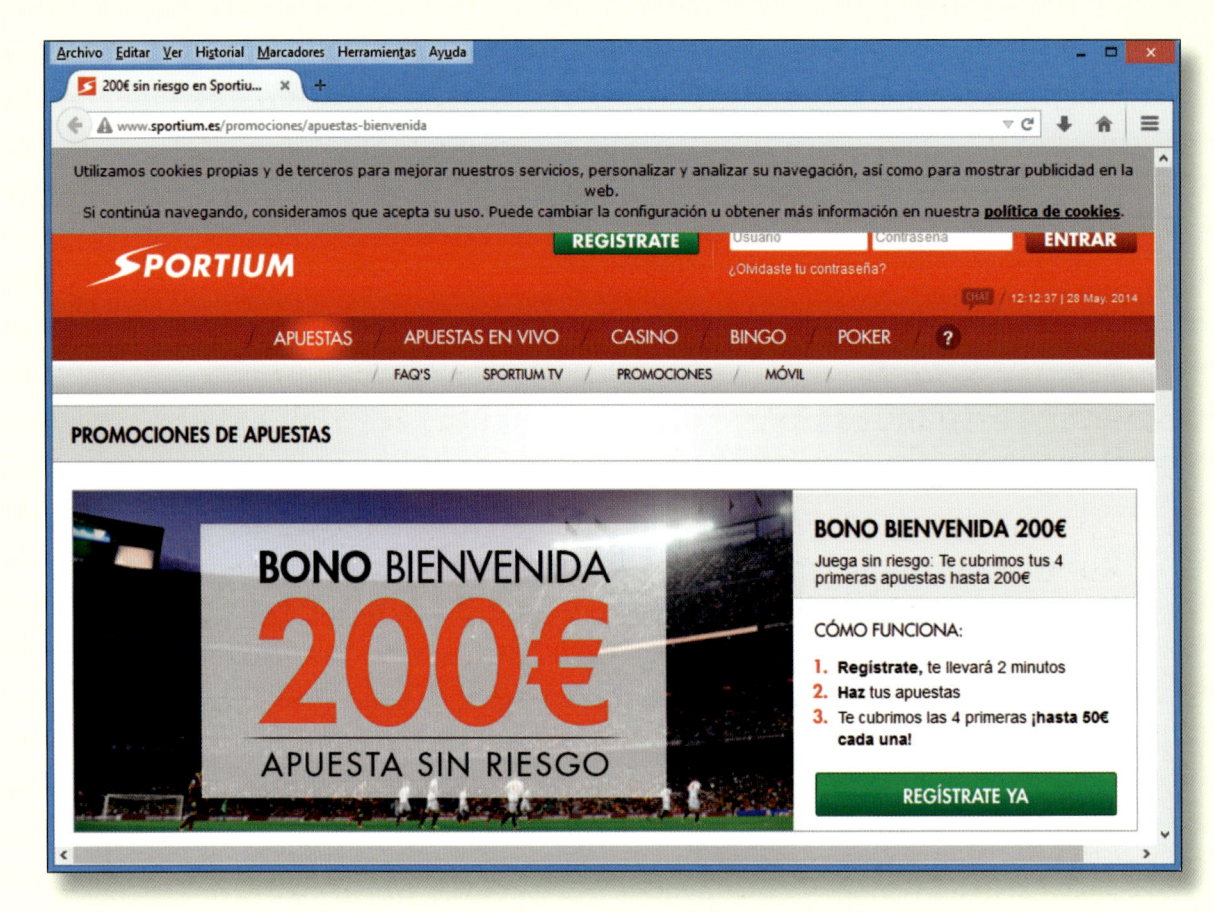

Figura 2.7. Una ventana emergente publicitaria.

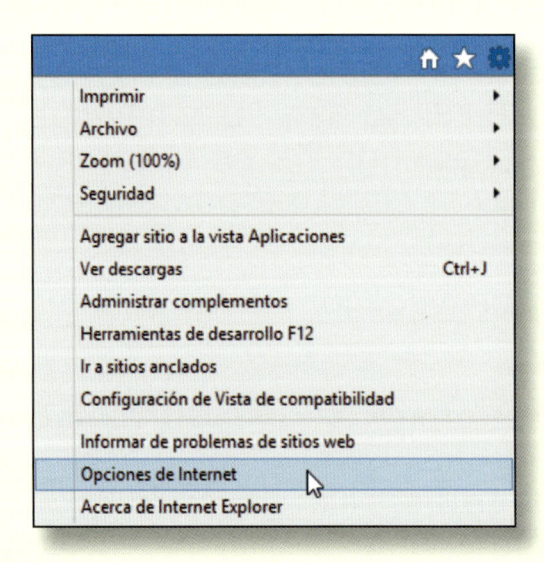

Figura 2.8. Opciones de Internet en Internet Explorer.

- Firefox ofrece la opción Bloquear ventanas emergentes. Localícela haciendo clic en el botón **Abrir menú**, después en Opciones y, en el cuadro de diálogo Opciones, haga clic en Contenido.

Sin embargo, en ocasiones, es necesario utilizar una de estas ventanas. Por ejemplo, para acceder a los datos de la cuenta bancaria o para suscribirse a una revista electrónica, a veces es preciso mantener abierta una de estas ventanas. En estos casos, si su navegador le ofrece la opción de permitir ventanas emergentes para esa página Web concreta, acéptela. De lo contrario, puede configurar las excepciones.

- En Internet Explorer, acceda a la pestaña Privacidad del cuadro de diálogo Opciones de Internet y haga clic en el botón **Configuración**. Ahí podrá escribir las direcciones de los sitios Web permitidos, Haga clic en **Agregar** después de cada dirección y haga clic en **Aceptar** para cerrar el cuadro.

- En Firefox, acceda a la opción Contenido del cuadro de diálogo Opciones y haga clic en el botón **Excepcione**s para indicar los sitios permitidos. Haga clic en **Permitir** para cada dirección que añada y haga clic en **Cerrar** para finalizar.

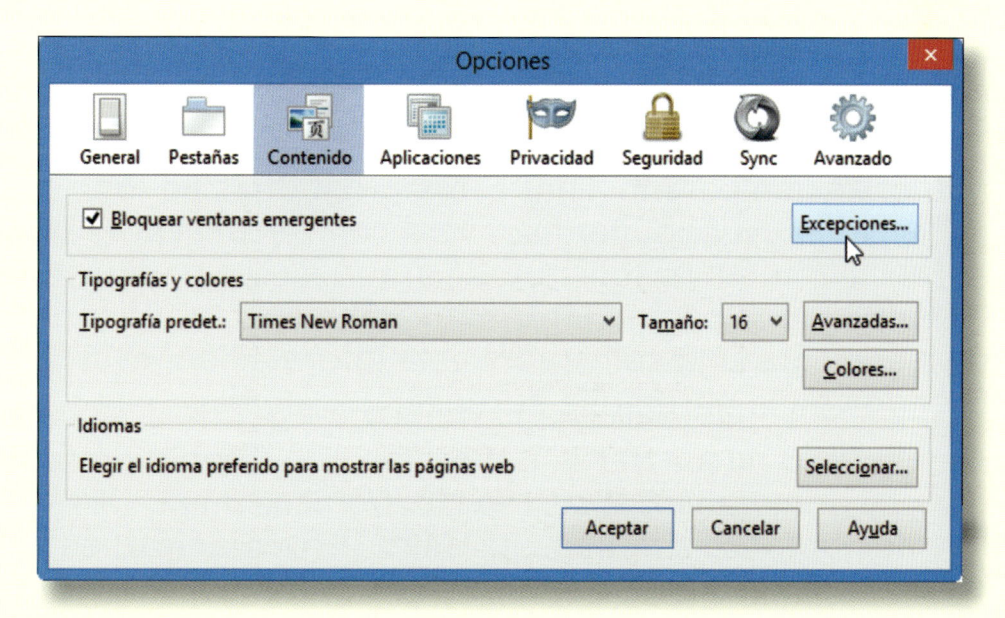

**Figura 2.9.** Excepciones para el bloqueo de ventanas emergentes en Firefox.

## Las cookies

Las *cookies* son pequeños archivos de texto que los sitios Web que visitamos envían a nuestro equipo, de manera que puedan reconocernos cuando los visitemos de nuevo. De esa forma, si usted se da de alta en un sitio Web, por ejemplo, una tienda o una biblioteca, el servidor le reconocerá y le dará la bienvenida cuando acceda de nuevo. Podrá comprobarlo además porque, la primera vez que haga clic en un vínculo, lo verá de color azul, pero la siguiente vez el vínculo tendrá color rojo.

Las *cookies* son inocuas. La información contenida en una *cookie* son los datos que damos cuando nos suscribimos a una página o cuando recorremos los vínculos de un sitio comercial, pero esa información solamente puede leerla el ordenador de ese sitio Web. Es como un secreto entre su navegador y el servidor del sitio visitado, un secreto sin el cual la navegación se hace muy compleja, porque el navegador que entra en un sitio Web y no permite la instalación de *cookies* se comporta como un intruso, como alguien que entrara en un establecimiento con la cara tapada, sin la identificación expresa para entrar en ese lugar específico.

Sin embargo, la normativa europea obliga a las páginas Web a pedir autorización para instalar estos programas en los dispositivos del usuario. Por eso, verá con frecuencia el aviso de las *cookies*, así como la solicitud de autorización para instalarlas en su equipo y una página informativa al respecto. Cuando una empresa presenta esta solicitud y esta información, está cumpliendo con la normativa europea.

En la figura 2.10 puede ver la indicación que Google presenta al acceder por primera vez al correo electrónico Gmail. Observe que hay dos botones a la derecha. **Más información**, en el que podrá leer la política de Google para las *cookies* y **Entendido**, para aceptar la instalación de las mismas.

**INFORMÁTICA PARA MAYORES**

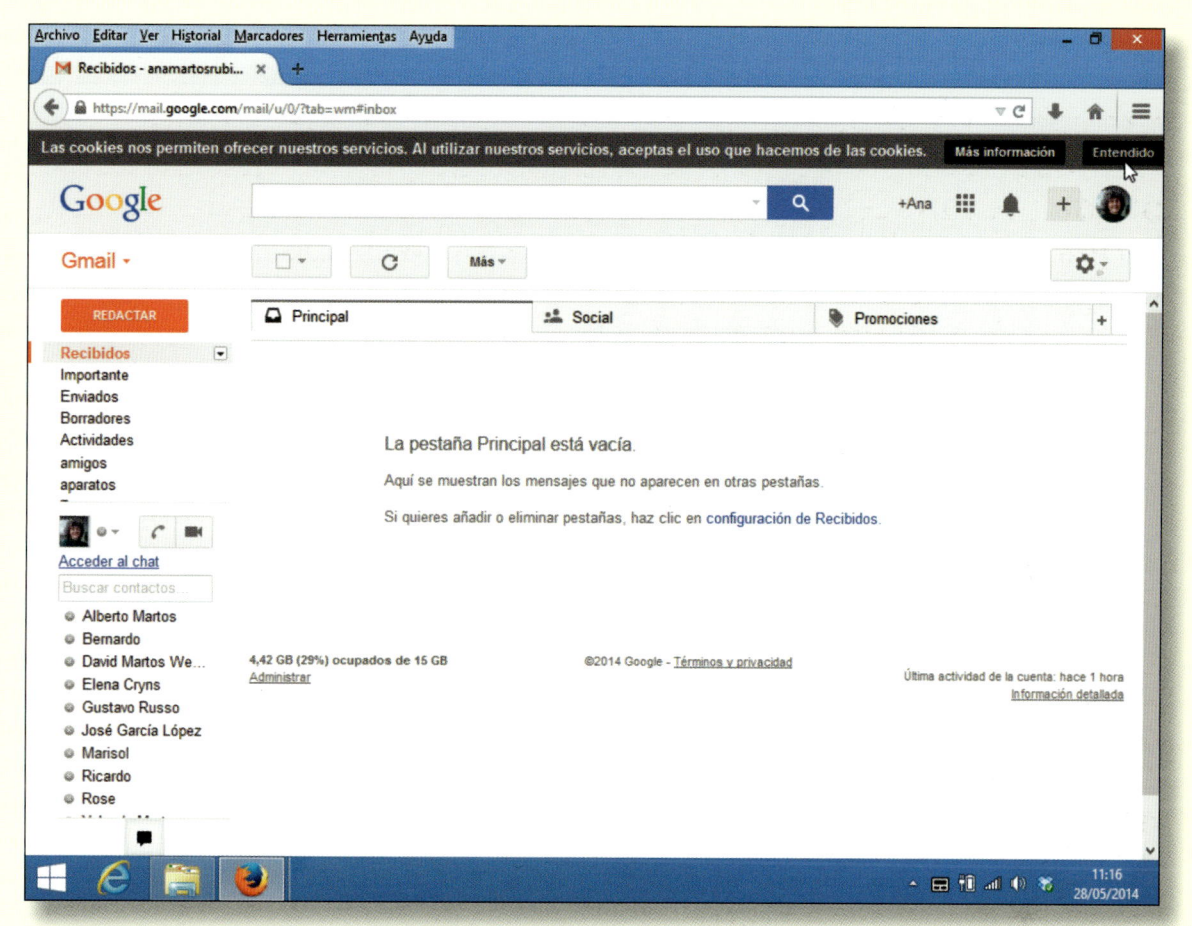

**Figura 2.10.** Google ofrece información sobre las cookies que instala.

## Los robots de rastreo

Existen en Internet programas dedicados a seguir la huella de los internautas para averiguar qué páginas visitan, en qué enlaces hacen clic con más frecuencia y cómo son sus búsquedas. De esta forma, esos programas, llamados robots de rastreo, averiguan los gustos y tendencias de los usuarios y los ponen a disposición de empresas de marketing que, a su vez, emplean esa información para ofrecer artículos o servicios relacionados con lo que suponen son los intereses del usuario.

Firefox tiene una opción que impide el seguimiento de sus pasos por la Red. Puede activarla de la forma que sigue:

# Internet. Edición 2015

**PRÁCTICA:**

Habilite la protección de rastreo.

1. En la ventana de Firefox, haga clic en el botón **Abrir menú**.
2. En el menú que se despliega, haga clic en Opciones y después en Privacidad.
3. En la ventana Privacidad, haga clic en Indicar a los sitios que no quiero ser rastreado.
4. Haga clic en **Aceptar** para cerrar Opciones.

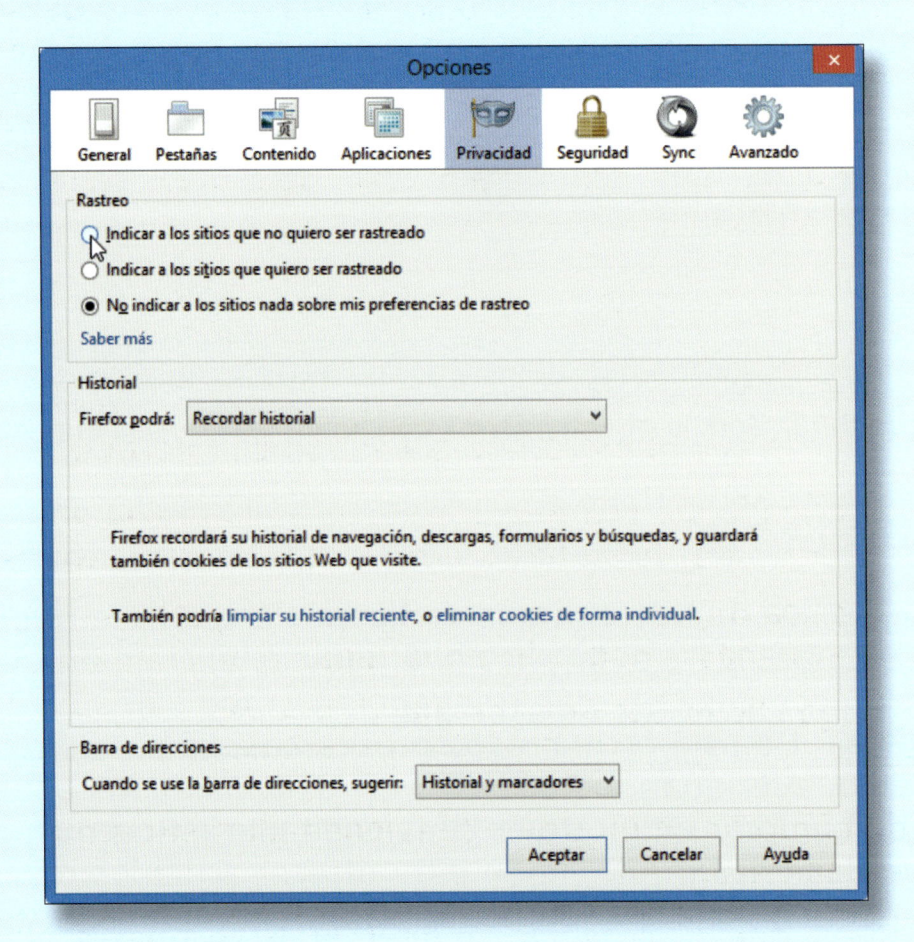

**Figura 2.11.** Protéjase contra los robots de rastreo.

## LA COMPRA SEGURA

Comprar en Internet es muy útil para adquirir artículos que no es posible encontrar en la localidad propia, por ejemplo, libros o discos agotados. Además, Internet tiene ofertas que no se encuentran en la calle, porque el hecho de comprar en línea supone al vendedor un ahorro de locales, personal y existencias y es el comprador quien generalmente paga el transporte.

En España, los sectores con mayor volumen de negocio en Internet son las agencias de viajes, los operadores turísticos, el transporte aéreo y el marketing directo. Sin embargo, la desconfianza de los consumidores impide la sostenibilidad del crecimiento del sector. Por ello, la Ley para la Defensa de los Consumidores y Usuarios protege a los ciudadanos en las transacciones realizadas a través del comercio electrónico igual que en las realizadas a través del comercio tradicional. Encontrará el texto de esta ley en las páginas de la Administración:

### PRÁCTICA:

Localice la Ley que protege al usuario en Internet.

1. Escriba la dirección `www.060.es` en la casilla de direcciones de su navegador y pulse la tecla **Intro**.
2. Escriba `defensa consumidores` en la casilla de búsquedas y haga clic en la lupa.
3. Haga clic en los enlaces que desee leer.

Antes de comprar en Internet, conviene tener en cuenta algunas recomendaciones.

- Recuerde que las compras en Internet están sujetas a la misma legislación que las compras en tiendas físicas. Usted sigue teniendo los mismos derechos de devolución y garantía.

- La compra en Internet es similar en todas las tiendas. Hay un carro o cesta en el que se van acumulando los objetos elegidos. Puede hacer clic en él para retirar o cambiar los objetos que desee o para comprobar el coste total de la operación incluyendo los gastos de envío, antes de formalizar la compra.

- Antes de finalizar la compra, es posible que la tienda le pida que se registre como cliente. Si ya es cliente, le pedirá que se identifique con su clave de acceso.

- A la hora de indicar datos del pago, la página debe mostrar un icono que indique que se trata de un sitio seguro.

## Formas de pago seguras en Internet

Siempre que sea posible y salvo que se trate de un establecimiento conocido, puede utilizar dos métodos de pago seguros:

a) Pagar contra reembolso. No todas las tiendas lo admiten.

b) Utilizar un monedero electrónico como PayPal o Ukash, que le permiten adquirir artículos sin tener que facilitar el número de la tarjeta de crédito.

Estas entidades utilizan el método llamado pago derivado, que sustituye los números de la tarjeta de crédito por una clave que solo conoce el usuario. Hay que darse de alta en una de ellas y facilitar una tarjeta de crédito o cuenta bancaria para que la entidad cargue el importe de las compras. A la hora de pagar en una tienda, en lugar de dar el número de la tarjeta o de la cuenta, hay que indicar pago con PayPal o pago con Ukash.

Paypal es una entidad de dinero electrónico que funciona como proveedor de servicios para la Unión Europea. Permite pagar y cobrar a usuarios de numerosos países sin necesidad de compartir información bancaria. Paypal es quien recibe los datos de la tarjeta y tramita los cobros y pagos, de forma gratuita para el comprador.

Ukash es una tarjeta que funciona con el sistema de prepago que emplean las operadoras de telefonía. Para utilizarla, hay que adquirir cupones Ukash, en los establecimientos autorizados y con ellos se pueden realizar las compras.

Puede informarse sobre PayPal en `www.paypal.com/es` y sobre Ukash `http://www.ukash.com/es-es`.

## LA SEGURIDAD EN EL CORREO ELECTRÓNICO

El correo electrónico es el punto más débil del ordenador ya que muchos delincuentes utilizan las cuentas de correo para tratar de estafar a los usuarios o inocular sus equipos con virus o programas malignos adjuntos a los mensajes. Los expertos recomiendan tomar las precauciones siguientes:

- Nunca abra un mensaje cuyo remitente desconozca o le resulte sospechoso. Márquelo como Correo no deseado o Spam, para futuros envíos o bórrelo directamente en la bandeja de entrada y después elimínelo definitivamente en la carpeta Eliminados o en la Papelera.

- No atienda ofertas de ventas, compras, demandas o solicitudes que le lleguen por correo electrónico. A veces, pueden proceder de un remitente conocido, pero eso no significa que sea ese remitente quien envía el mensaje fraudulento o dañino. Es posible que el remitente en cuestión tenga instalado un virus tipo Caballo de Troya en su ordenador y no sea consciente de que un tercero lo está utilizando para difundir mensajes con mala intención.

- No acepte ofertas de negocios o trabajo fácil y cómodo en casa. Generalmente son mensajes de organizaciones que pretender blanquear dinero o utilizar a los usuarios para fines ocultos.

- No difunda mensajes que llegan ofreciendo cosas muy apetecibles, con la condición de reenviarlos a un determinado número de personas. No haga caso de los que difunden sucesos como la muerte inminente de un niño por falta de medicamentos o temas similares. Esos mensajes son engaños que tratan de obtener el mayor número posible de direcciones de correo para hacerlas blanco de sus envíos publicitarios o de ofertas fraudulentas. Si desea colaborar con instituciones benéficas, como SOS Children, Save the Children, Médicos sin fronteras o Amnistía Internacional, suscríbase a ellas y atienda exclusivamente sus mensajes.

**Libros:** Encontrará toda la información necesaria para su seguridad en las redes sociales en los libros *Redes sociales,* de esta misma colección, así como en *Twitter para mayores* y *Facebook para mayores,* de la colección *Títulos especiales* de Anaya Multimedia.

# 3

## Internet y la WWW

**INFORMÁTICA PARA MAYORES**

Internet es una red formada por numerosas redes que conectan entre sí ordenadores de todo el mundo. La *World Wide Web* (WWW), que se podría traducir como Telaraña mundial, es un tejido electrónico que enlaza millones de páginas instaladas en ordenadores de todo el mundo a las que se accede a través de Internet. Internet podría considerarse, por tanto, el soporte físico, y la WWW, el conjunto de programas que lo anima.

## SITIOS Y PÁGINAS WEB

**PRÁCTICA:**

Conéctese al sitio Web de Anaya Multimedia.

1. Ponga en marcha su navegador, escriba `www.anayamultimedia.es` en la barra de direcciones y pulse la tecla **Intro**.

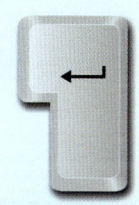

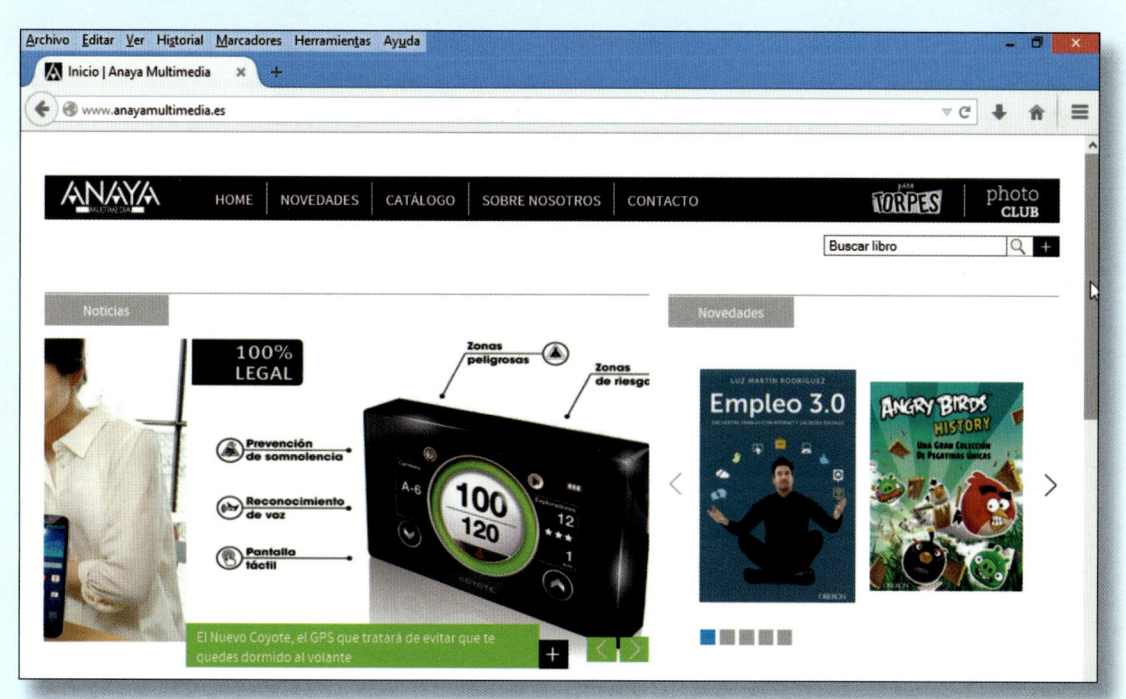

**Figura 3.1.** El menú del sitio Web de Anaya Multimedia.

45

**INTERNET. EDICIÓN 2015**

> 2. El sitio Web de Anaya Multimedia se compone de varias páginas Web enlazadas entre sí. La primera que aparece es la página principal. Pruebe a conectar con otra de las páginas del mismo sitio Web, haciendo clic en una opción del menú, por ejemplo, Catálogo.

## Los vínculos

Los vínculos, llamados también hipervínculos o enlaces, son zonas de la página Web que están conectadas con otras zonas de la misma página o con zonas de otras páginas Web en el mismo o en otro ordenador. Si un texto o una imagen contiene un vínculo, el puntero del ratón se convierte en una mano para indicar que se puede hacer clic.

Por ello, antes de hacer clic en una zona de la página Web, compruebe que, al aproximarlo, el puntero del ratón se convierte en una mano. De lo contrario, no podrá hacer clic.

## Las direcciones de Internet

Las direcciones de Internet, llamadas URL (que significa "localizador uniforme de recursos"), se componen de varias partes:

- El nombre del protocolo que hay que utilizar para acceder a esa dirección. Un protocolo es como un lenguaje con el que los ordenadores se entienden entre sí. La mayoría de los ordenadores de Internet emplean un protocolo llamado *http*. La primera parte de la dirección que debe aparecer en la barra de direcciones del navegador es: `http://` y, a continuación, las siglas de la World Wide Web, `www`. Los navegadores modernos añaden automáticamente `http://` por lo que solamente hay que escribir `www`.

### INFORMÁTICA PARA MAYORES

- El nombre del dominio particular, en este caso, *anayamultimedia*. Ya tenemos *http://www.anayamultimedia*. Observe que prácticamente todo se escribe con minúsculas en Internet. Las mayúsculas se utilizan en muy pocos casos.

- El nombre del dominio general. Es la terminación que sigue al punto. Por ejemplo, en la dirección de Anaya Multimedia, detrás del punto pone *es*, que significa España. Otros dominios generales son *.com*, que significa comercial, *.edu*, que significa educación, *.org*, que significa organización sin ánimo de lucro, *.fr*, que significa Francia, etc. Ya tenemos *http:// www.anayamultimedia.es*

- Esa dirección da acceso a la página principal, pero también se puede acceder directamente a una página secundaria. Por ejemplo, el catálogo tiene la dirección siguiente: `http://www.anayamultimedia.es/colecciones.php`

**PRÁCTICA:**

Busque un libro en el catálogo de Anaya Multimedia.

1. Escriba `www.anayamultimedia.es/colecciones.php` en la barra de direcciones de su navegador y pulse la tecla **Intro**. Observe que no hay que incluir el protocolo http.

2. Haga clic en la barra de desplazamiento vertical de la derecha y arrastre hacia abajo para acceder a la parte inferior de la página. Está seleccionada en la figura 3.1.

3. Localice Títulos especiales y haga clic en Ver toda la colección.

4. Observe la figura 3.3. El sitio Web de Anaya Multimedia presenta ahora una tercera página en la que aparecen los títulos de la colección solicitada. Cada título muestra una imagen en la que se puede hacer clic para abrir la ficha que describe el contenido del libro.

# Internet. Edición 2015

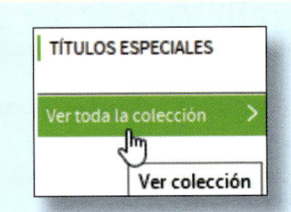

**Figura 3.2.** Haga clic en Ver toda la colección.

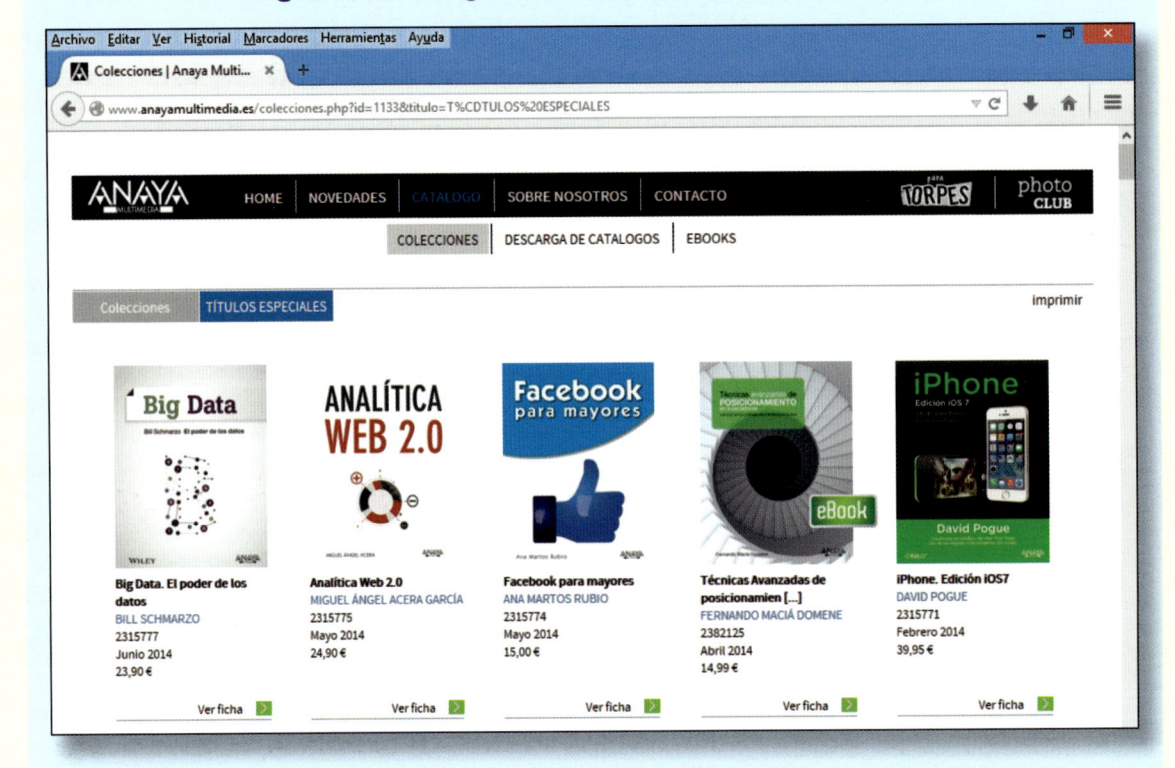

**Figura 3.3.** La segunda página de Anaya Multimedia despliega la información solicitada.

5. Haga clic en el libro o libros que desee.

## Las barras de desplazamiento

El navegador muestra barras de desplazamiento verticales u horizontales cuando la página Web visitada no cabe completa en la ventana. Las barras de desplazamiento permiten acceder a la parte no visible de la página Web, haciendo clic en la barra y

## Informática para mayores

arrastrando hacia arriba, abajo, derecha o izquierda. Algunas páginas Web ofrecen dos barras de desplazamiento, una vertical y otra horizontal en las que hacer clic y arrastrar el ratón, para visualizar la parte no visible a la derecha y al final.

## Visite una Web a página completa

La mejor manera para visualizar la mayor cantidad posible de información de una página Web es abrirla en formato Página completa. Para ello, solamente tiene que pulsar la tecla **F11** del teclado del ordenador. Desaparecen la barra de direcciones, las herramientas y los botones para dar más espacio al contenido. Para volver a la vista normal, solamente hay que pulsar de nuevo la tecla **F11**.

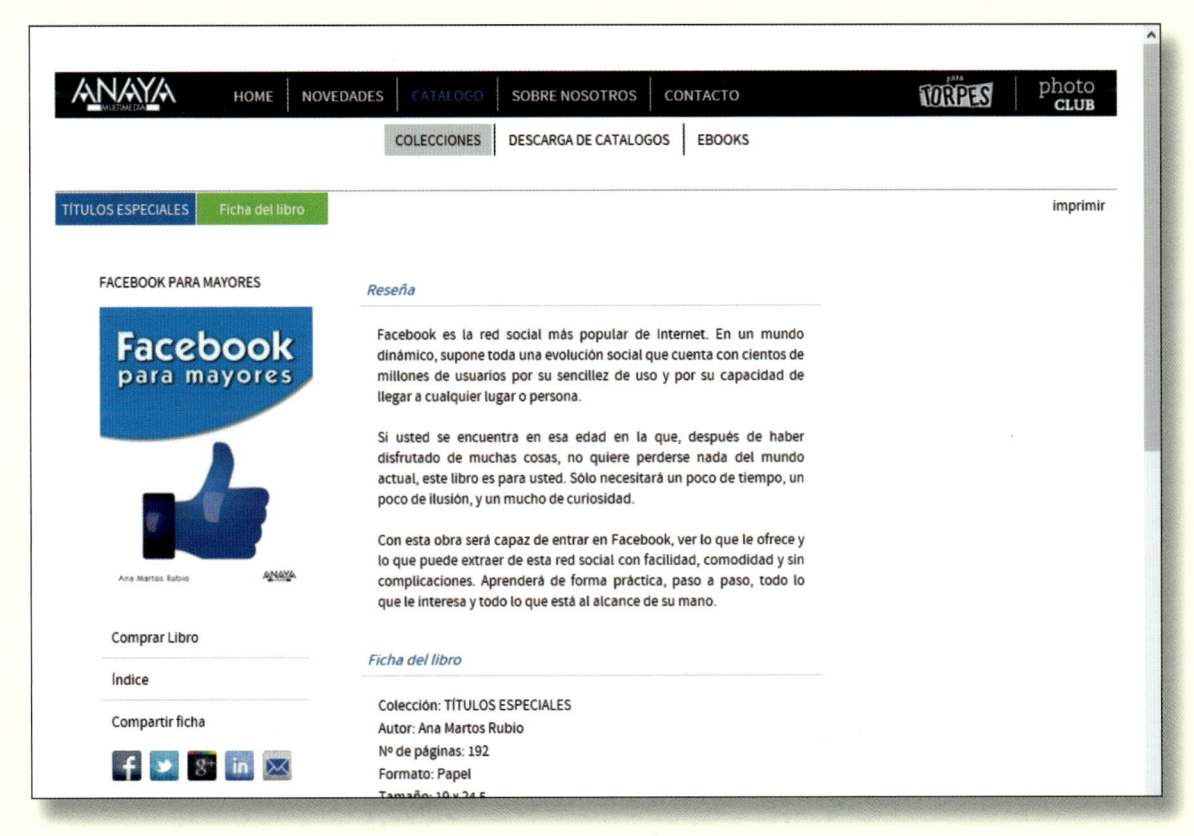

**Figura 3.4.** La vista Página completa muestra mayor parte del contenido.

49

## El zoom

El zoom del navegador suele estar ajustado al cien por cien, pero a veces hay que ampliar o reducir la proporción. Por ejemplo, si no puede ver bien el texto de una página Web puede aumentar su tamaño.

- En Internet Explorer, haga clic en el botón **Herramientas** que tiene forma de tuerca y seleccione Zoom en el menú desplegable. Haga clic en las distintas opciones de porcentaje para elegir la vista adecuada.

- En Firefox, haga clic en Vista, en la barra de menús (actívela si no lo ha hecho haciendo clic con el botón derecho en la parte superior de la ventana y seleccionando Barra de menús). Haga clic en Tamaño y seleccione Ampliar. Observe que también puede ampliar solamente el texto de la página Web.

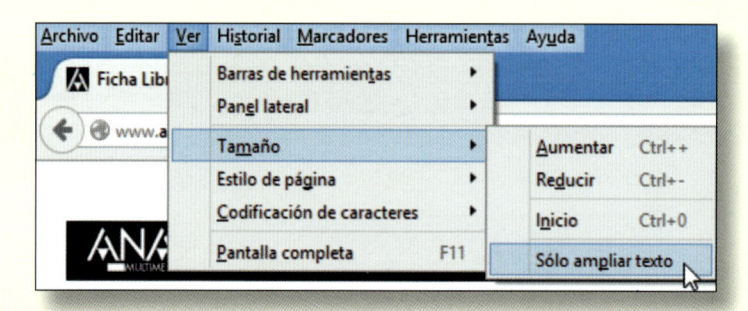

**Figura 3.5.** El menú Vista de Firefox permite ampliar el texto.

## Ir de un sitio Web a otro

Los botones **Atrás** y **Adelante** son similares y funcionan de igual forma en Internet Explorer y en Firefox.

**PRÁCTICA:**

Practique con los botones **Atrás** y **Adelante**.

1. Escriba www.anayamultimedia.es en la barra de direcciones del navegador y pulse **Intro**.

**INFORMÁTICA PARA MAYORES**

2. Haga clic en Novedades.

3. Haga clic en el botón **Atrás** para regresar a la página principal de Anaya Multimedia.

4. Haga clic en el botón **Adelante** para volver a la página Novedades.

Si ha visitado varios sitios Web y quiere volver a uno de ellos:

- En Internet Explorer, haga clic en la pestaña de la página a la que desee regresar.

**Figura 3.6.** Internet Explorer muestra las pestañas de las páginas abiertas.

- En Firefox, haga clic en el botón **Abrir una pestaña nueva** que muestra el signo +. Se abrirá una pestaña con las miniaturas de las páginas visitadas, para que pueda hacer clic en la que desee volver a visitar.

51

**INTERNET. EDICIÓN 2015**

## PERSONALICE SU NAVEGADOR

Cada usuario puede personalizar el navegador utilizando los menús de opciones. Realizaremos algunos ejercicios prácticos con Internet Explorer y con Firefox.

### La página principal

Cuando un navegador se pone en marcha presenta siempre una misma página. Es la página principal predeterminada. Pero cada usuario puede establecer la página principal que prefiera. Internet Explorer permite varias páginas principales o una sola. Si elige una sola página principal, será esa la que aparezca cuando ponga en marcha el navegador. Si elige dos o más páginas principales, las mostrará en diferentes pestañas.

**Truco:** Si se "pierde" navegando por la Red, haga clic en el botón **Página principal**. Una vez en ella, le será más fácil desplazarse a otro sitio Web.

**PRÁCTICA:**

En Internet Explorer, establezca Google como su página principal.

1. Ponga en marcha Internet Explorer y escriba `www.google.es` en la barra de direcciones. Pulse la tecla **Intro**.

2. Haga clic con el botón derecho del ratón en el icono de la barra de herramientas que tiene la forma de una pequeña casa y seleccione la opción Agregar o cambiar la página principal.

### Informática para mayores

3. En el cuadro que aparece, haga clic en Usar esta página Web como la única página principal y luego haga clic en **Sí**. También puede seleccionar el otro botón de opción para mantener la página principal actual junto con la de Google.

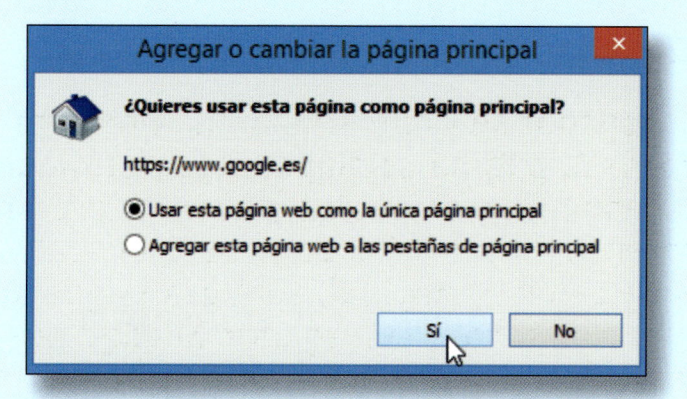

**Figura 3.7.** Cambie la página principal en Internet Explorer.

4. Si ha establecido más de una página principal y desea eliminar una, haga clic en el botón **Herramientas** de la barra de Internet Explorer, que tiene forma de tuerca, y seleccione Opciones de Internet en el menú.

5. En la ficha General del cuadro de diálogo Opciones de Internet podrá ver la página o páginas que Internet Explorer entiende como página principal.

- Si quiere eliminar una, haga clic en ella para seleccionarla y pulse la tecla **Supr** del teclado del ordenador.

- Si quiere agregar una, puede escribir aquí la dirección en lugar de emplear el método anterior.

53

> **PRÁCTICA:**
>
> En Firefox, establezca Google como su página principal.
>
> 1. Ponga en marcha Firefox y escriba `www.google.es` en la barra de direcciones. Pulse la tecla **Intro**.
> 2. Haga clic en la opción de menú Herramientas>Opciones.
> 3. En el cuadro Opciones, seleccione la pestaña General.
> 4. Haga clic en el botón **Usar página actual**. También puede escribir una dirección en la casilla Página de inicio.
> 5. En cualquier caso, haga clic en **Aceptar**. Asimismo puede acceder a este cuadro haciendo clic en el botón **Abrir menú** y seleccionando Opciones.

## El navegador predeterminado

El navegador predeterminado es aquel con el que se abre una página Web guardada en el disco duro o el que se pone en marcha al acceder a Internet.

Si tiene más de un navegador, puede utilizarlos alternativamente. Por ejemplo, para abrir una página Web guardada en el disco duro, el que mejor funciona es Firefox. Pruébelos y utilícelos según su conveniencia.

Si ha establecido un navegador predeterminado, por ejemplo, Internet Explorer, al poner en marcha Chrome o Firefox, solicitarán que les convierta en predeterminado. Lo aconsejable es aceptar y mantener como predeterminado al navegador que está utilizando, porque, de lo contrario, es posible que no cargue los complementos y recursos necesarios para navegar con seguridad.

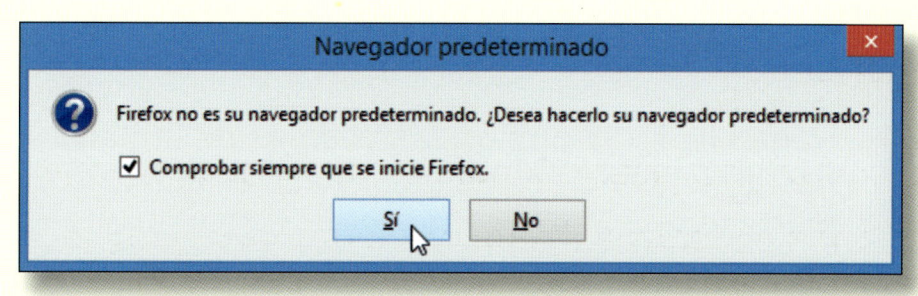

**Figura 3.8.** Firefox solicita ser su navegador predeterminado.

# MARCADORES O FAVORITOS

Los navegadores disponen de una carpeta llamada, según cada navegador, Favoritos o Marcadores, en la que puede guardar las páginas Web que visite con más frecuencia o que desee tener siempre a mano. Los navegadores establecen un enlace con la página Web señalada, de forma que se accede a ella con un clic.

### PRÁCTICA:

Agregue a Marcadores o Favoritos una página Web.

Escriba la dirección de la página que desee y pulse **Intro**.

a) En Internet Explorer:
  1. Haga clic en el botón de la barra de herramientas **Ver los favoritos, las fuentes y el historial**, que tiene forma de estrella.
  2. Haga clic en la opción Agregar a Favoritos.
  3. En el cuadro de diálogo Agregar un Favorito, escriba un nombre para la página y haga clic en el botón **Agregar**.
  4. Para acceder a la página, solamente tendrá que hacer clic en el botón con forma de estrella y después hacer clic en el nombre de la página favorita.

# Internet. Edición 2015

b) En Firefox:

1. Haga clic en la opción Marcadores de la barra de herramientas y seleccione Añadir esta página a marcadores.

2. En el cuadro Página añadida a marcadores, escriba un nombre para la página y haga clic en **Terminar.**

3. Para acceder a la página Web, solamente tendrá que hacer clic en la opción Marcadores y después en el nombre de la página.

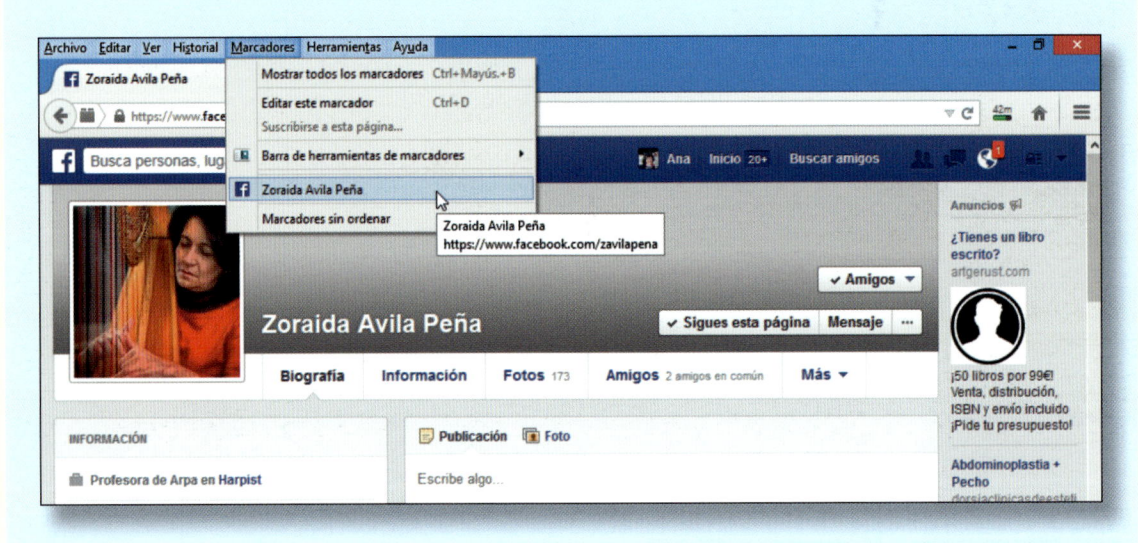

**Figura 3.9.** Haga clic en el nombre de la página añadida a Marcadores.

PRÁCTICA:

Organice sus páginas favoritas en Internet Explorer.

1. Haga clic en el botón **Ver los favoritos, las fuentes y el historial**, que tiene forma de estrella.

2. Haga clic en la flecha abajo situada junto a la opción Agregar a Favoritos.

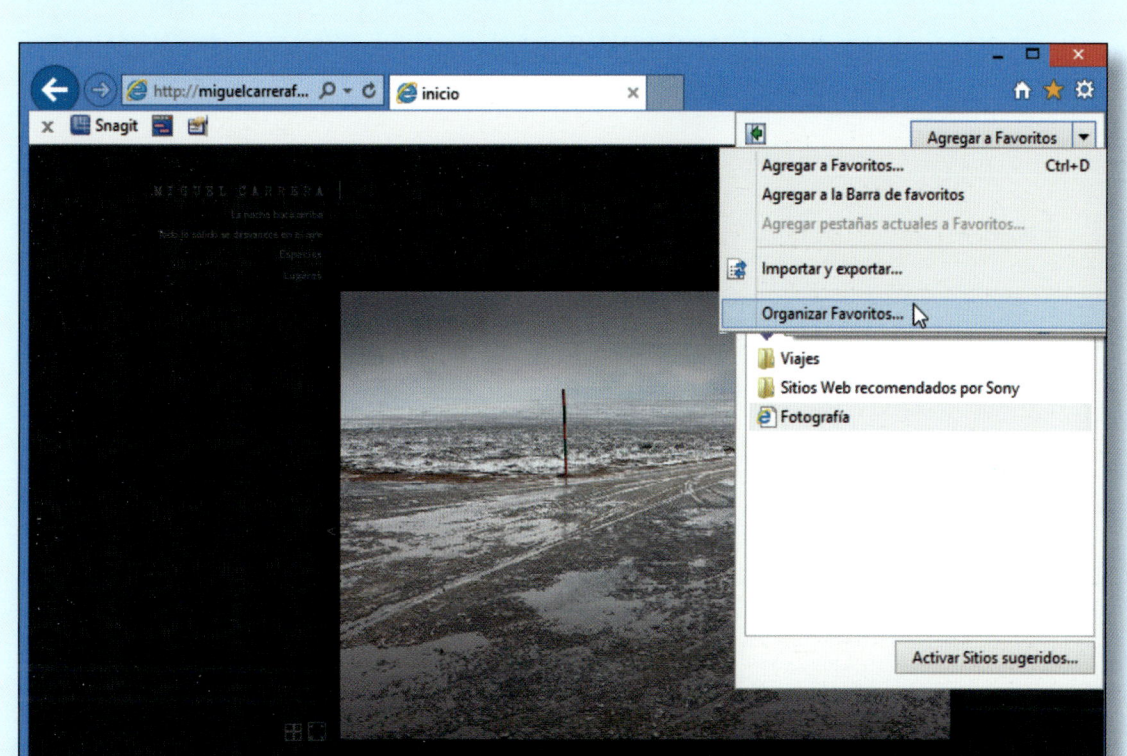

3. Haga clic en Organizar Favoritos.

**Figura 3.10.** El menú para organizar los Favoritos.

4. En la ventana Organizar Favoritos, haga clic en el botón **Nueva carpeta**.

5. Escriba un nombre para la carpeta y pulse **Intro**.

6. Haga clic en la página guardada anteriormente y arrástrela a la carpeta que acaba de crear.

7. Utilice los botones **Eliminar** y **Cambiar nombre** cuando necesite borrar o cambiar el nombre de las carpetas y páginas favoritas.

8. Haga clic en **Cerrar** para cerrar la ventana Organizar Favoritos.

# Internet. Edición 2015

Puede crear tantas carpetas como precise. Cuando agregue otra página a Favoritos, podrá seleccionar la carpeta en la que guardarla. El cuadro de diálogo Agregar un Favorito, permite elegir la carpeta de destino haciendo clic en la flecha abajo de la opción Agregar en.

**PRÁCTICA:**

Organice sus páginas favoritas en Firefox.

1. Haga clic en la opción Marcadores de la barra de herramientas y seleccione en el menú Mostrar todos los marcadores.

2. El cuadro de diálogo Catálogo presenta todos los marcadores con sus respectivas carpetas. Este cuadro se comporta como el Explorador de archivos de Windows.

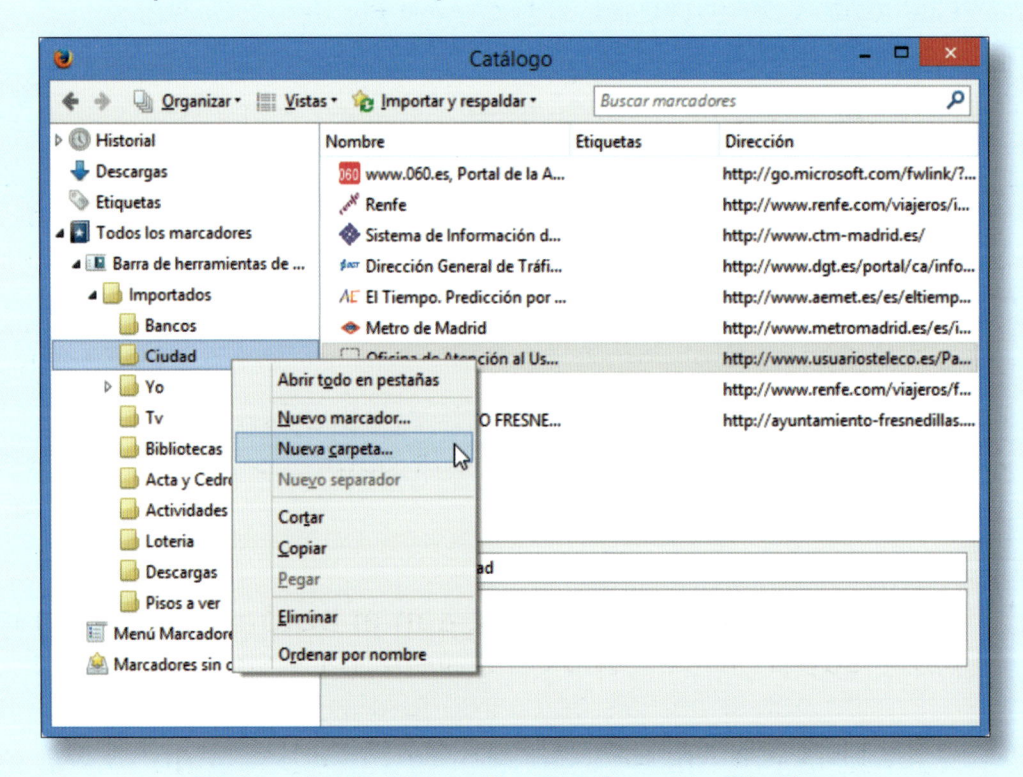

**Figura 3.11.** El cuadro Catálogo de Firefox.

- Haga clic en la carpeta de la zona izquierda de la ventana para ver el contenido en la zona derecha.

- Haga clic con el botón derecho sobre una carpeta o sobre una página Web para ver el menú contextual con opciones para crear nuevas carpetas, copiar, pegar o eliminar páginas o carpetas.

- Arrastre una página Web desde la zona derecha de la ventana a una carpeta de la zona izquierda. También puede arrastrar una carpeta dentro de otra o cambiarle el nombre.

## La barra de Favoritos o Marcadores

Si visita una página con mucha frecuencia, puede colocarla en la Barra de favoritos de Internet Explorer o en la Barra de herramientas de marcadores de Firefox:

a) En Internet Explorer:

1. Active la barra haciendo clic con el botón derecho en la parte superior derecha de la ventana y seleccionando Barra de favoritos.

2. Guarde la página Web en la carpeta Favoritos seleccionando Agregar a la Barra de favoritos en el menú.

3. Si ya la ha agregado a Favoritos, abra la ventana Organizar Favoritos y arrastre la página sobre la Barra de favoritos.

b) En Firefox:

1. Active la barra haciendo clic con el botón derecho en la parte superior derecha de la ventana y seleccionando Barra de herramientas de marcadores.

2. Guarde la página en Marcadores seleccionando Añadir esta página a marcadores.

## Internet. Edición 2015

3. En el cuadro Página añadida a marcadores, haga clic en la lista desplegable Carpeta y seleccione Barra de herramientas de marcadores.

4. Si ya tiene la página guardada, abra el cuadro Catálogo y arrastre la página sobre la barra de marcadores que aparece como una carpeta más.

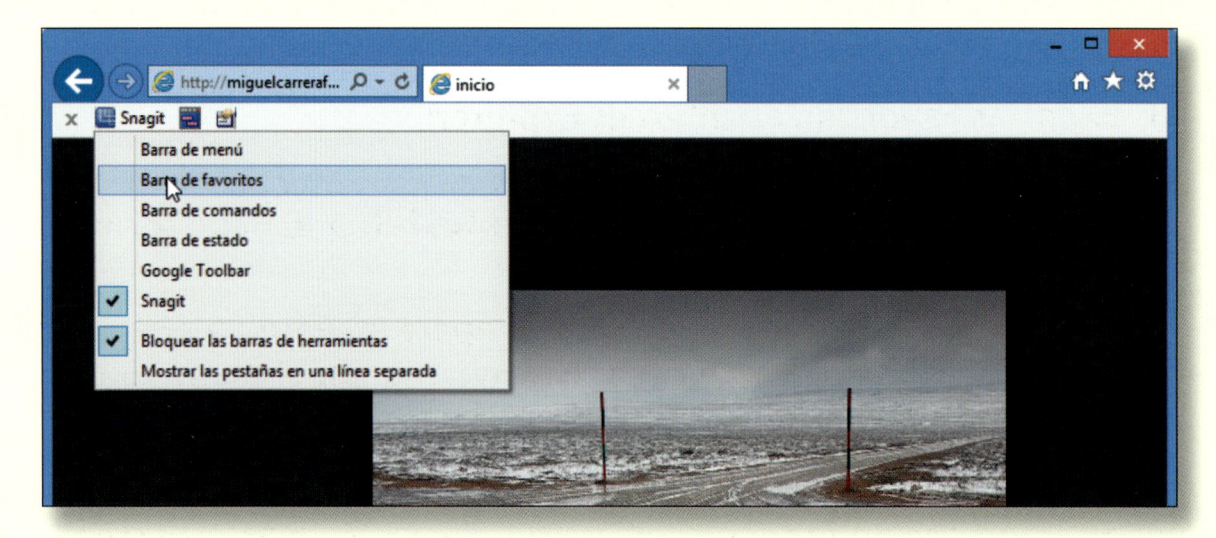

**Figura 3.12.** El menú para activar la Barra de favoritos en Internet Explorer.

**Figura 3.13.** El menú para guardar la página en la Barra de herramientas de marcadores en Firefox.

## Importar y exportar marcadores o favoritos

Si utiliza más de un navegador, no es necesario que agregue las mismas páginas favoritas a cada uno de sus navegadores. Lo más práctico es exportar los favoritos o marcadores de un navegador a una carpeta en el disco duro y después importarla en los restantes navegadores.

a) Exportar Favoritos en Internet Explorer:

1. Haga clic en el botón de la barra de herramientas **Ver los favoritos, las fuentes y el historial**, que tiene forma de estrella.

2. Haga clic en la flecha abajo que aparece junto a Agregar a Favoritos y seleccione Importar o exportar en el menú que se despliega.

3. Haga clic en Exportar a un archivo y después en **Siguiente**.

4. Haga clic en la casilla Favoritos y después en **Siguiente**.

5. Haga clic en la carpeta Favoritos y después en **Siguiente**.

6. Haga clic en **Exportar** y después en **Finalizar.** Encontrará el archivo Bookmark.htm en la carpeta Documentos utilizando el Explorador de archivos de Windows.

b) Exportar Marcadores en Firefox:

1. Haga clic en Marcadores>Mostrar todos lo marcadores.

2. En el cuadro Catálogo, haga clic en Importar y respaldar y seleccione Exportar marcadores.

3. En el cuadro de diálogo Exportar archivo de marcadores, haga clic en Guardar. Encontrará el archivo Bookmarks.html en la carpeta Documentos utilizando el Explorador de archivos de Windows.

c) Importar Favoritos en Internet Explorer:

1. En el punto 3 de la exportación con Internet Explorer, seleccione Importar de un archivo y después en **Siguiente**.

2. Haga clic en la casilla Favoritos y después en **Siguiente**.

3. Haga clic en el botón **Examinar.** En el cuadro de diálogo, haga clic en el archivo Bookmarks.html en la carpeta Documentos, que ha exportado de Firefox y haga clic en **Siguiente**.

4. Haga clic en **Importar** y después en **Finalizar**.

d) Importar Marcadores en Firefox:

1. En el cuadro Catálogo, haga clic en Importar y respaldar y seleccione Importar marcadores.

2. En el cuadro de diálogo Importar archivo de marcadores, localice el archivo exportado con Internet Explorer, haga clic en él y después haga clic en **Abrir.**

## GUARDE E IMPRIMA PÁGINAS WEB

Puede guardar una página Web en el disco duro de su ordenador, para abrirla después haciendo doble clic sobre ella, como cualquier otro archivo.

**Advertencia:** Recuerde que muchas páginas Web se actualizan y modifican. Si guarda una página en Favoritos o Marcadores o, bien, en su equipo, es probable que cuando la abra de nuevo se haya modificado o incluso haya desaparecido. Para obtener la versión actualizada, haga clic en el botón **Recargar esta página** de Firefox o **Actualizar** de Internet Explorer.

# INFORMÁTICA PARA MAYORES

**PRÁCTICA:**

Guarde e imprima una página Web.

Escriba la dirección de la página Web en la barra de direcciones de su navegador y pulse **Intro**.

a) En Internet Explorer:

1. Haga clic en el botón **Herramientas** y seleccione en el menú Archivo y después Guardar como.

2. En el cuadro de diálogo Guardar como, seleccione una carpeta y haga clic en **Guardar**.

3. Para abrir la página guardada, localícela con el Explorador de archivos y haga doble clic sobre ella.

3. Haga clic en el botón **Herramientas** y seleccione en el menú Imprimir>Vista previa de impresión.

4. Si el resultado es correcto, haga clic en el botón **Imprimir** que muestra el icono de una impresora. Si no lo es, haga clic primero en el botón **Configurar página**, que tiene forma de tuerca. También puede utilizar los botones **Vertical** y **Horizontal** para elegir el modo de imprimir la página.

b) En Firefox:

1. Haga clic en la opción de menú Archivo>Guardar como.

2. En el cuadro de diálogo Guardar como, seleccione una carpeta y haga clic en **Guardar**. Para abrirla, localícela con el Explorador de archivos y haga doble clic sobre ella.

3. Haga clic de nuevo en Archivo y seleccione Vista preliminar. Si la vista previa es correcta, haga clic en **Imprimir**. De lo contrario, haga clic en **Configurar página**.

**Nota:** Las páginas Web se abrirán con el navegador predeterminado, no con el que haya utilizado para guardarlas. Si quiere abrirlas con otro navegador, haga clic sobre ellas con el botón derecho del ratón y seleccione Abrir con el menú contextual. Elija el navegador en el menú que se despliega.

## Guardar e imprimir una imagen

Para guardar una imagen, solamente hay que hacer clic sobre ella con el botón derecho del ratón y seleccionar en el menú contextual la opción Guardar imagen como. El cuadro de diálogo Guardar imagen le propondrá guardarla con el formato de origen, generalmente jpeg, y en la carpeta Imágenes. Cambie lo que precise y haga clic en **Guardar**.

Para imprimirla, haga clic sobre ella con el botón derecho y seleccione la opción Imprimir imagen en el menú contextual.

**Truco:** Si, al acercar el cursor a la imagen, aparece una lupa con el signo más, haga clic con ella antes de guardarla. La imagen que se ve al principio es una versión reducida de la imagen final de alta resolución que solamente aparece al hacer clic con la lupa.

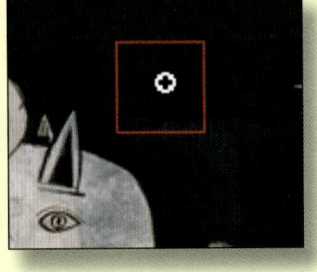

**Figura 3.14.** Haga clic en la lupa antes de guardar o imprimir la imagen.

# 4

# El correo electrónico

El correo electrónico consiste en el envío de mensajes a través de Internet. Los mensajes se redactan, envían y reciben utilizando un programa cliente de correo, como Outlook, Hotmail o Gmail.

Antes de poder enviar y recibir mensajes, es preciso disponer de una cuenta de correo electrónico que su proveedor de servicios de Internet le facilitará al establecer el contrato.

## LA DIRECCIÓN DE CORREO ELECTRÓNICO

La dirección de correo electrónico se compone del nombre del usuario, escrito generalmente con minúsculas y sin acentos ni signos de puntuación. Se pueden escribir el nombre y el apellido seguidos o bien separarlos con un guión bajo. Por ejemplo, *joselopez* o bien *jose_lopez*.

A continuación hay que poner la arroba @, que es el carácter que separa el nombre del usuario del nombre del servidor, es decir, del nombre del ordenador que gestiona su cuenta de correo electrónico. Así tenemos *joselopez@*. Finalmente se pone el nombre del servidor y su terminación, que puede ser *.es*, *.net*, *.com*, etc. Por ejemplo, la dirección completa con el servidor de Hotmail será: *joselopez@hotmail.com*

**Nota:** Recuerde que para escribir la arroba debe pulsar a la vez las teclas **Alt Gr** y **@** (la tecla que lleva el número **2**).

**INTERNET. EDICIÓN 2015**

## EL MOSAICO CONTACTOS

Antes de enviar y recibir mensajes de correo electrónico, es preciso elaborar una lista de contactos con las direcciones de los destinatarios.

Si ya tiene una cuenta en Hotmail o en Outlook, encontrará su lista de contactos en el mosaico Contactos. Si tiene también una lista de contactos en Gmail, o en redes sociales como Facebook, este mosaico le facilitará su acceso. Haga clic en el icono de la red social que aparece en el extremo inferior derecho de la pantalla para acceder a los contactos de su cuenta o red social.

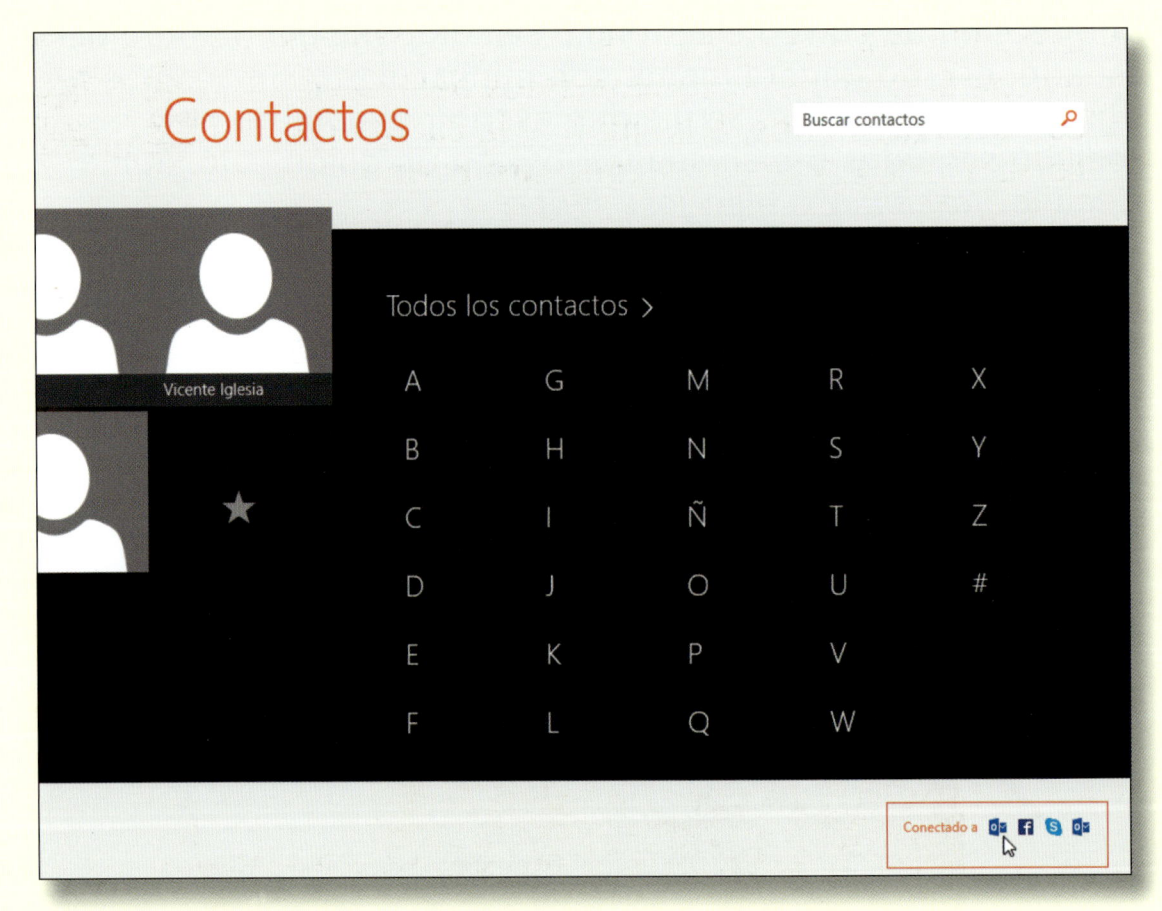

**Figura 4.1.** El mosaico Contactos permite gestionar sus listas de contactos.

68

## La ventana Contactos

El mosaico Contactos ofrece una ventana con opciones para gestionar los contactos:

- Para localizar un contacto, empiece a escribir su nombre en la casilla Buscar contactos y haga clic en la lupa.

- Para acceder a la lista de contactos ordenados alfabéticamente, haga clic en la barra de desplazamiento horizontal de la parte inferior de la ventana y arrastre hacia la derecha.

- Para ver los iconos de gestión, haga clic con el botón derecho en la parte inferior de la ventana.

- Para agregar un nuevo contacto, haga clic en el icono **Nuevo contacto** que muestra una cruz, rellene el formulario con los datos del nuevo contacto (al menos, el nombre y la cuenta de correo) y haga clic en el icono **Guardar**.

- Los iconos de la parte superior le llevarán a la página principal de la ventana Contactos, a su cuenta o a los nuevos mensajes.

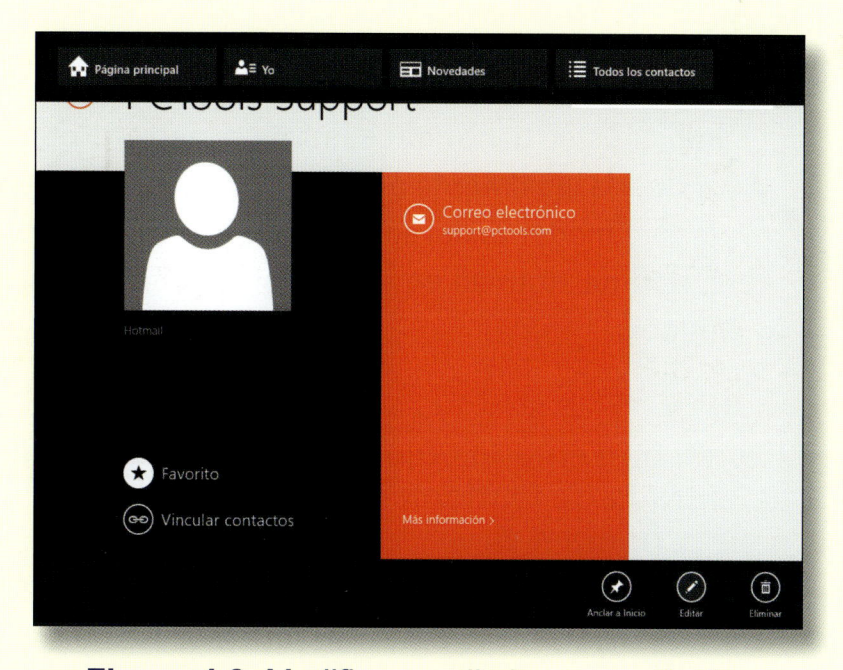

Figura 4.2. Modifique o elimine un contacto.

## INTERNET. EDICIÓN 2015

> **PRÁCTICA:**
>
> Modifique o elimine un contacto.
>
> 1. Escriba el nombre del contacto en la casilla Buscar contactos y haga clic en la lupa.
> 2. Haga clic con el botón derecho del ratón en la parte inferior de la página para ver los iconos.
> 3. Haga clic en el icono **Eliminar** o **Editar**.
> 4. La opción Editar permite agregar datos o cambiar la dirección de correo electrónico de ese contacto. Haga clic en el icono correspondiente para eliminarlo, guardar las modificaciones o cancelarlas.

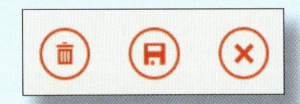

## OUTLOOK

> **Info:** Si usted tiene una cuenta de correo en Hotmail, podrá utilizarla igualmente en Outlook. Outlook no es más que la cara moderna del antiguo Hotmail. Si trata de ir a la dirección de Hotmail en www.hotmail.com, accederá a Outlook.

El mosaico Correo presenta los mensajes en la Bandeja de entrada de Outlook en la forma que aparece en la figura 4.3.

Si necesita gestionar su correo electrónico desde un ordenador que no tenga instalado Windows 8, también puede acceder a Outlook utilizando el navegador.

**INFORMÁTICA PARA MAYORES**

Figura 4.3. La Bandeja de entrada de Outlook en el mosaico Correo.

PRÁCTICA:

Acceda a la Bandeja de entrada de Outlook desde su navegador.

1. Escriba en la barra de direcciones: www.outlook.com.
2. Escriba su nombre de cuenta y su contraseña.
3. Si va a utilizar ese equipo algún tiempo, puede agregar su página de Outlook a Favoritos o Marcadores para tenerla siempre a mano.

71

# Internet. Edición 2015

4. Accediendo desde el navegador, la ventana de Outlook muestra todos los mensajes recibidos en la Bandeja de entrada, sin abrir, y hay que hacer clic de uno en uno para abrirlos. Puede verlos en la figura 4.4.

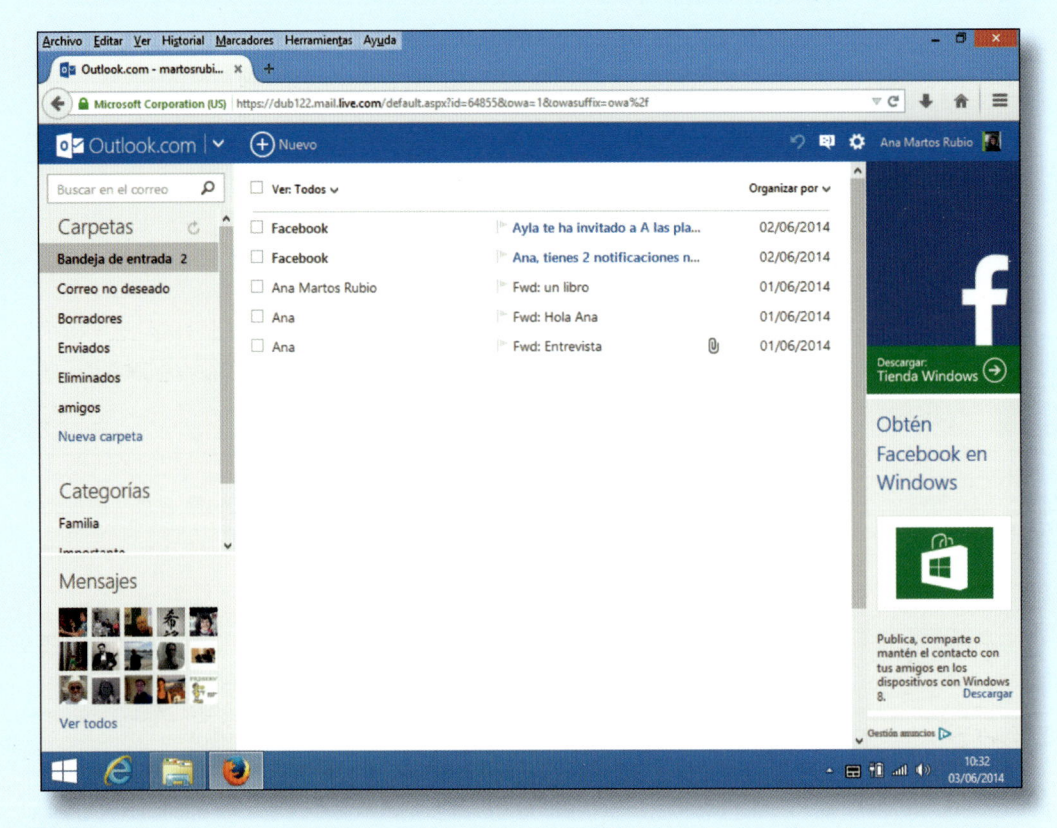

**Figura 4.4.** La bandeja de entrada de Outlook desde el navegador.

## La Bandeja de entrada de Outlook

PRÁCTICA:

Conozca la Bandeja de entrada de Outlook.

1. En la pantalla Inicio de Windows 8, haga clic en el mosaico Correo.

2. La Bandeja de entrada de Outlook le presentará los mensajes recibidos con el primer mensaje abierto. Acerque el ratón a los tres iconos que aparecen en la parte superior derecha de la ventana para ver su función.

3. Haga clic en el mensaje siguiente de la lista de la izquierda, para leerlo.

4. Aproxime el ratón a los iconos de la barra de herramientas vertical de la izquierda para ver su función.

5. Haga clic con el botón derecho sobre el mensaje para ver los iconos que aparecen en la parte inferior de la ventana y aproxime el ratón a cada uno de ellos para ver su función.

**Truco:** Para evitar que su carpeta Entrada contenga demasiados mensajes y dificulte su gestión, haga clic de vez en cuando en la opción Limpiar de la barra de herramientas y seleccione una opción.

## Las redes sociales

Outlook presenta los mensajes recibidos en la Bandeja de entrada, como hemos visto. Pero si usted participa en una red social, por ejemplo, Facebook, los mensajes que lleguen de dicha red no irán a la Bandeja de entrada, sino a la carpeta Noticias sociales.

Para localizarlos, haga clic en el icono **Noticias sociales** de la barra vertical de iconos a la izquierda de la ventana de Outlook.

# INTERNET. EDICIÓN 2015

**Figura 4.5.** La carpeta Noticias sociales.

**Libros:** Encontrará toda la información necesaria para gestionar las redes sociales en los libros *Redes sociales para mayores*, *Facebook para mayores* y *Twitter para mayores* de Anaya Multimedia.

## Los archivos adjuntos

Si el mensaje trae un archivo adjunto, por ejemplo, un documento o una fotografía, irá acompañado de un icono con forma de clip.

# INFORMÁTICA PARA MAYORES

Para abrir el archivo adjunto, solamente tiene que hacer clic sobre él. Para descargarlo en su disco duro, haga clic sobre el archivo adjunto con el botón derecho y seleccione Guardar. En la ventana Bibliotecas, seleccione la carpeta de destino.

## Gestione los mensajes recibidos

**PRÁCTICA:**

Responda a un mensaje.

1. Con el mensaje desplegado, haga clic en el icono **Responder**, que muestra un menú con las opciones siguientes:

    - Responder. Abre un nuevo mensaje de correo destinado al remitente.

    - Responder a todos. Utilice esta opción cuando el mensaje vaya destinado a varios destinatarios y usted quiera que todos reciban su respuesta.

    - Reenviar. Utilice esta opción para enviar el mensaje recibido a otros destinatarios.

2. Para responder al mensaje, empiece a escribir el texto en el lugar exacto en el que parpadea el cursor.

3. Si desea responder a todos los destinatarios del mensaje anterior, haga clic en Responder a todos. El método es idéntico al de responder a un solo remitente.

4. Si desea reenviar el mensaje, haga clic en Reenviar y luego haga clic en Para. El método es idéntico al de redactar un mensaje nuevo, pero siempre aparecerá el encabezamiento del mensaje original para que se sepa que se trata de un reenvío.

5. En cualquiera de los casos, al finalizar, haga clic en Enviar.

# INTERNET. EDICIÓN 2015

**Advertencia:** Si se trata de un mensaje largo que ya ha tenido varias respuestas, Outlook lo convierte en una conversación completa con todos los mensajes de entrada y salida. Escriba siempre su mensaje en el lugar en que parpadea el cursor para que el o los destinatarios reciban el texto de usted en primer lugar y no se mezcle con los de los mensajes anteriores.

### PRÁCTICA:

Elimine un mensaje.

1. Con el mensaje desplegado, haga clic en el icono **Eliminar**.

    - Si se trata de un mensaje publicitario que no quiere volver a recibir, haga clic con el botón derecho sobre el mensaje y después haga clic en el icono **Correo no deseado**, en la parte inferior de la ventana. Esta acción envía el mensaje a la carpeta `Correo no deseado` y pone al remitente en la lista de remitentes no deseados. Todos los mensajes que el mismo remitente le envíe irán a esa carpeta.

**Truco:** Si recibe un mensaje sospechoso, no lo abra. Aproxime el ratón al nombre del remitente y haga clic en la papelera para eliminarlo sin abrirlo.

**Figura 4.6.** Al acercar el ratón, aparece la papelera.

76

### INFORMÁTICA PARA MAYORES

**PRÁCTICA:**

Imprima un mensaje.

1. Con el mensaje desplegado, haga clic en el icono **Más** que muestra tres puntos suspensivos.

2. En el menú que se despliega, haga clic en Imprimir.

3. En la ventana Imprimir, haga clic en su impresora para obtener una vista previa del mensaje.

4. Compruebe la orientación, el tamaño del papel y los demás parámetros y haga clic en Imprimir.

**PRÁCTICA:**

Guarde un mensaje.

1. Haga clic con el botón derecho del ratón sobre el mensaje desplegado y seleccione el icono **Administrar carpetas** en el extremo inferior izquierdo de la barra de herramientas inferior.

2. En el menú que se despliega, haga clic en Crear carpeta.

3. Escriba un nombre para la carpeta y haga clic en **Aceptar**.

4. Una vez creada la carpeta, haga clic en el icono **Mover**, en la barra de herramientas inferior.

5. En el menú que se despliega, haga clic en la carpeta en la que quiere guardar el mensaje.

77

# Internet. Edición 2015

> **PRÁCTICA:**
>
> Aprenda a cambiar el nombre de una carpeta.
>
> 1. Haga clic en Carpetas de la barra de herramientas vertical a la izquierda de la ventana y luego haga clic en la carpeta cuyo nombre desea modificar.
> 2. Haga clic con el botón derecho para ver los iconos de la barra de herramientas inferior y después haga clic en el icono **Administrar carpetas**.
> 3. Seleccione Cambiar el nombre de la carpeta en el menú que se despliega.
> 4. Escriba el nuevo nombre y haga clic en **Aceptar**.

## Redacción de mensajes

> **PRÁCTICA:**
>
> Redacte y envíe un mensaje.
>
> Haga clic en **Nuevo**, que despliega un formulario para crear un nuevo mensaje. Puede practicar enviando un mensaje a su propia dirección de correo.
>
> 1. Haga clic en Para para acceder a su lista de contactos en el mosaico Contactos. Haga clic en el nombre del contacto destinatario del mensaje. Puede hacer clic en varios contactos para remitir el mensaje a todos ellos. Al final, haga clic en **Agregar** para regresar al mensaje que está redactando. Si se trata de una persona que no figura en su lista de contactos, haga clic dentro de la casilla Para y escriba la dirección completa.

# INFORMÁTICA PARA MAYORES

2. Si desea enviar una copia del mensaje a alguien, haga clic en CC y seleccione el nombre en la lista de contactos.

3. Haga clic en Más para abrir completamente el formulario de envío. Observe que aparece una nueva casilla. Haga clic en CCO y seleccione el o los contactos si desea enviar copia oculta de su mensaje a alguien.

**Figura 4.7.** El formulario para escribir un mensaje y las herramientas de formato.

4. Haga clic en Agrega un asunto y escriba el tema o motivo del mensaje. Servirá para orientar al destinatario sobre el contenido y también para localizar el mensaje si se pierde.

79

# INTERNET. EDICIÓN 2015

5. Escriba el texto del mensaje. Si desea adjuntar un archivo, por ejemplo, un documento, una hoja de cálculo o una fotografía, haga clic en el icono **Datos adjuntos** y localice el archivo a enviar en la ventana Bibliotecas de Windows 8, haciendo clic en el mosaico correspondiente.

6. Haga clic en el icono **Enviar**.

**Truco:** Si adjunta un archivo a un mensaje y quiere quitarlo antes de enviar el mensaje, haga clic con el botón derecho del ratón sobre el archivo adjunto y seleccione Quitar en el menú.

**Advertencia:** Si ha de enviar un mensaje a numerosas personas, haga clic en Para y seleccione un único destinatario. Después, haga clic en CCO y seleccione el resto de los destinatarios. De esta forma, solamente uno de ellos quedará visible. Esto es útil para evitar que algún rastreador vea las direcciones de sus contactos y las utilice para enviarles publicidad o mensajes no deseados.

**Nota:** Recuerde que si el archivo a adjuntar se encuentra en un disco externo, deberá hacer clic en la flecha abajo junto a Bibliotecas y seleccionar Este equipo en el menú desplegable.

## La carpeta Borradores

Outlook crea un borrador cada vez que usted inicia la redacción de un mensaje, ya sea nuevo o en respuesta a otro recibido. Si envía su mensaje, el borrador desaparece de la carpeta Borradores, pero, mientras no lo envíe, permanece guardado para que usted pueda terminarlo, enviarlo o descartarlo.

La carpeta Borradores contiene el formulario para elegir el destinatario o destinatarios, como hemos visto al escribir un mensaje nuevo y, además, ofrece las herramientas precisas para la redacción y formateo del mensaje. Puede verlas en la figura 4.7.

**PRÁCTICA:**

Conozca la carpeta Borradores de Outlook.

1. Haga clic en Carpetas de la barra de herramientas vertical y seleccione Borradores.

2. Si tiene algún borrador guardado, ahora podrá completarlo. Si no tiene borradores, haga clic en el icono **Nuevo** para redactar uno.

3. Complete la casilla Para y escriba un asunto para el mensaje.

4. Antes de escribir el texto del mensaje, haga clic sobre él con el botón derecho para acceder a los iconos de la barra de herramientas inferior. Puede verlos en la figura 4.7. Aproxime el ratón a cada uno de ellos para ver la función.

5. Escriba una palabra para probar. Selecciónela haciendo doble clic sobre ella y pruebe a aplicarle las herramientas de formato. Haga clic en Fuente y elija una fuente y un tamaño.

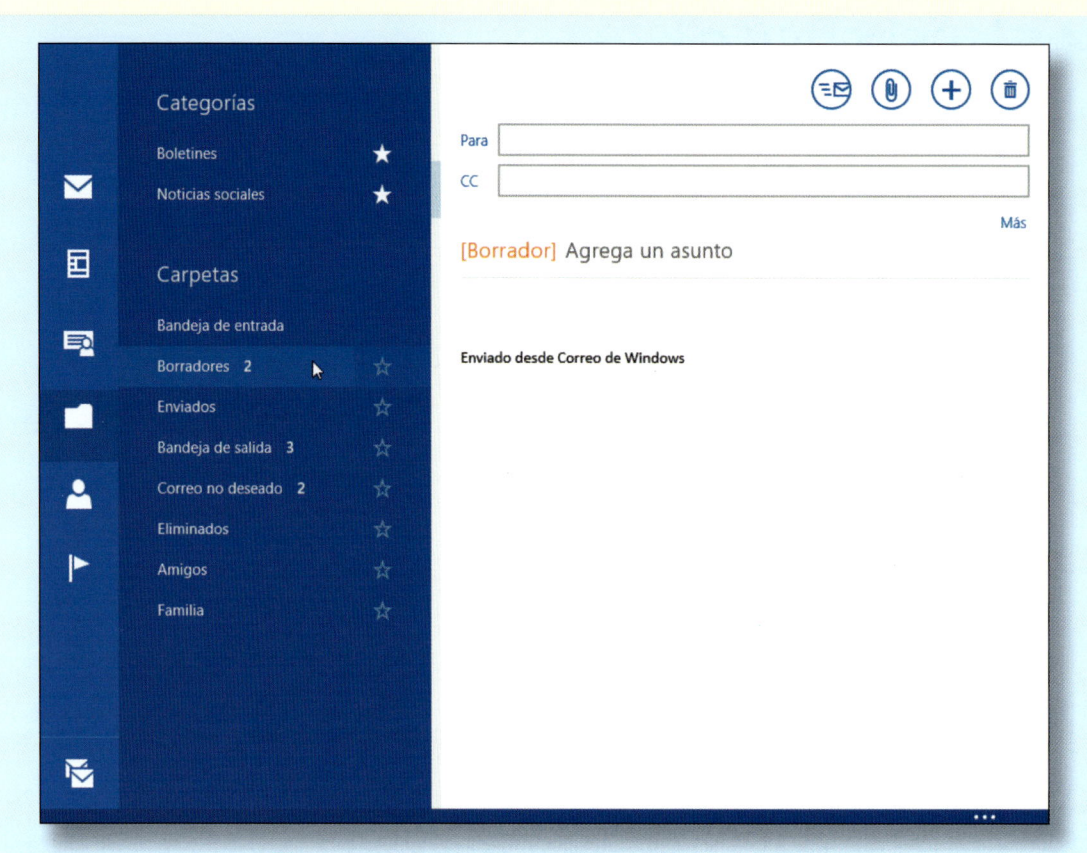

**Figura 4.8.** Las carpetas de Outlook.

6. Haga clic en Color del texto y elija un color para el texto. También puede resaltar el texto con un color diferente seleccionándolo en Color de resaltado.

7. Haga clic en Emoticonos para seleccionar uno o varios. Para salir de la ventana de los emoticonos, haga clic con el botón derecho sobre el cuerpo del mensaje.

8. Si ha agregado un color o un emoticono y quiere cambiarlo, haga clic en el icono Más y seleccione la opción Deshacer en el menú. También puede seleccionar Borrar formato si no quiere mantenerlo o Guardar para guardar el borrador con los formatos y emoticonos.

9. Para enviarlo, haga clic en el icono **Enviar**, en la parte superior de la ventana.

## Los hipervínculos

Si el texto de su mensaje incluye una dirección Web, por ejemplo, `www.anayamultimedia.es`, Outlook agregará automáticamente un vínculo para que su destinatario pueda hacer clic sobre él y conectarse a esa dirección Web. Compruébelo aproximando el ratón a esa dirección.

**Figura 4.9.** Outlook agrega un hipervínculo a las direcciones Web de los mensajes.

Si quiere eliminar el vínculo, haga clic en el icono **Hipervínculo** y seleccione Quitar vínculo en el menú.

Si se trata de un mensaje que usted ha recibido, podrá hacer clic (o **Ctrl**-clic) sobre el hipervínculo para acceder a la página Web.

## El correo no deseado

La carpeta `Correo no deseado` contiene mensajes de remitentes no deseados, ya sea correo basura o remitentes no deseables. Outlook envía a esta carpeta mensajes cuyos remitentes considera inseguros, aunque en realidad no lo sean. También usted puede enviar a esta carpeta algún mensaje por error o distracción.

PRÁCTICA:

Recupere un mensaje de la carpeta `Correo no deseado`.

1. En la Bandeja de entrada de Outlook, haga clic con el botón derecho sobre un mensaje que haya recibido.

2. En la barra de iconos que aparece en la parte inferior de la ventana, haga clic en Correo no deseado. El mensaje desaparecerá de la Bandeja de entrada y Outlook clasificará como Correo no deseado todos los mensajes que procedan del mismo remitente.

3. En la barra vertical de herramientas de la izquierda, haga clic en Carpetas>Correo no deseado.

   - Para que Outlook deje de considerar los mensajes de ese remitente como Correo no deseado, haga clic en el icono **No es correo no deseado**, que es el mismo que el anterior pero ahora ha cambiado de nombre.

   - Para enviar el mensaje a otra carpeta, haga clic en **Mover** y elija la carpeta a la que quiere mover este mensaje, por ejemplo, Bandeja de entrada. Pero los siguientes mensajes que le envíe este remitente irán a la carpeta Correo no deseado.

## Los mensajes eliminados

Outlook envía a la papelera un mensaje cuando usted hace clic en el icono **Eliminar** que muestra una papelera.

PRÁCTICA:

Recupere un mensaje de la carpeta Eliminados.

1. Haga clic con el botón derecho en un mensaje cualquiera y después haga clic en el icono **Eliminar**.

2. El mensaje desaparecerá de la carpeta en la que se encuentre y pasará a Eliminados.

# INFORMÁTICA PARA MAYORES

3. Para recuperarlo, haga clic en Carpetas>Eliminados, en la barra vertical de la izquierda.

4. Haga clic en **Mover** y elija la carpeta a la que quiere mover este mensaje, por ejemplo, Bandeja de entrada.

## Los mensajes enviados

La carpeta Enviados de Outlook contiene los mensajes que haya enviado a los distintos destinatarios. Si quiere localizar un mensaje enviado, haga clic en Carpetas>Enviados, en la barra vertical de la izquierda.

## Buscar un mensaje

Para localizar un mensaje en Outlook hay que utilizar la casilla de Búsqueda instantánea.

**PRÁCTICA:**

Busque un mensaje en Outlook.

1. Haga clic en la lupa situada en la parte superior de la ventana de Outlook.

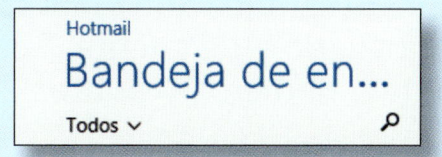

**Figura 4.10.** La lupa de Outlook.

2. Cuando se abra la casilla de búsquedas, haga clic en la flecha abajo que indica Todos y seleccione en el menú la carpeta que contiene el mensaje. Si no sabe en qué carpeta se encuentra, seleccione la opción Todas las carpetas.

> 3. Escriba en la casilla alguna palabra o frase que contenga el mensaje y haga clic en la lupa.
>
> 4. Localice el mensaje entre los que Outlook le presente.

## GMAIL

Si desea utilizar Gmail, podrá observar que el funcionamiento es muy similar al que hemos visto en Outlook. Al darse de alta en Gmail, Google le registrará automáticamente en su red social, Google + y en su plataforma en línea Google Drive, aunque no es necesario que las utilice si no le interesan.

> **PRÁCTICA:**
>
> Cree una cuenta en Gmail.
>
> 1. Vaya la página principal de Google en `www.google.es` y haga clic en Gmail.
>
> 2. Haga clic en Crear una cuenta.
>
> 3. Escriba su nombre, su apellido y su nombre de usuario. Gmail le pondrá la terminación `@gmail.com` y ése será su nombre de usuario y de cuenta. Recuerde que sólo puede usar letras, números y puntos.
>
> 4. Escriba la contraseña con ocho caracteres. Para mayor seguridad, incluya letras y números. Procure que le resulte fácil de recordar y que no incluya mayúsculas, porque dificulta recordarla.
>
> 5. Rellene el formulario hasta el final y haga clic en Siguiente paso. No es imprescindible indicar un teléfono móvil, solamente si decide omitir la verificación que aparece al final del formulario.

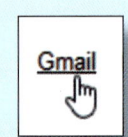

# INFORMÁTICA PARA MAYORES

6. Si lo desea, haga clic en Añadir foto de perfil. Haga clic en Selecciona fotos de tu ordenador, localícela con el cuadro de diálogo siguiente y haga clic en **Abrir.**

7. Haga clic en Establecer como foto de perfil para que aparezca en sus mensajes. Si no incluye una fotografía, Gmail pondrá un icono.

8. Haga clic en Paso siguiente y, en la pantalla de bienvenida, haga clic en Ir a Gmail.

**Figura 4.11.** Si no incluye una fotografía, Gmail pondrá este icono.

## Acceso a la cuenta

A partir de ese momento, para acceder a su cuenta desde la página principal de Google, haga clic en Gmail, escriba su nombre de cuenta y su contraseña y haga clic en Iniciar sesión. Si quiere evitar tener que escribir sus datos cada vez, haga clic en Recordar contraseña.

**Truco:** Si tiene más de una cuenta en Gmail con el mismo navegador, por ejemplo, de un familiar o amigo, haga clic en Iniciar sesión con una cuenta diferente. Si ya ha iniciado la sesión y quiere pasar a otra cuenta en el mismo ordenador, haga clic en su fotografía y seleccione la otra cuenta. Si no está visible, haga clic en **Cerrar sesión** en la ventana de su cuenta y vuelva a iniciar la sesión con la contraseña de la otra cuenta. (Véanse las figuras 4.12 y 4.22.)

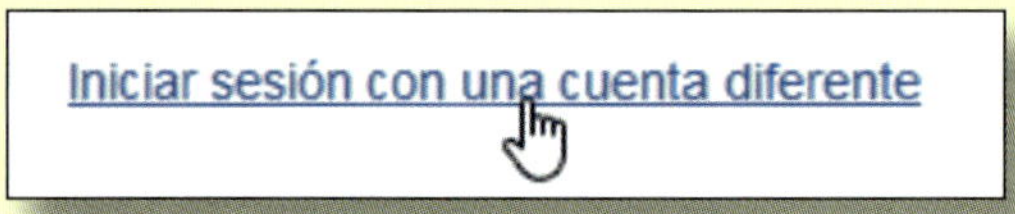

# Internet. Edición 2015

**Figura 4.12.** Si comparte el equipo y el navegador, haga clic para iniciar sesión con otra cuenta.

## Los contactos

La primera vez que acceda a Gmail, el programa le invitará a importar sus contactos si tiene una lista en alguna red social o en otro programa de correo, por ejemplo, Outlook. Solamente tendrá que escribir el nombre de la cuenta de la que quiere importar y escribir la contraseña.

### Los círculos

Gmail clasifica los contactos en Círculos, según la relación de amistad, familia, etc. que usted señale. Esta clasificación no es imprescindible, pero, si lo desea, puede ir agregando sus contactos al círculo de amigos, familiares, etc.

Cuando reciba un mensaje, aproxime el ratón para ver al destinatario y, si decide agregarle a un círculo, haga clic en Añadir. Puede verlo en la figura 4.11. Si la persona no tiene cuenta en Gmail, la opción será Añadir e invitar, para que pueda agregarle a un círculo e invitarle a abrir una cuenta.

### Agregar, editar y eliminar contactos

Si no tiene lista de contactos, puede crearla de la forma que se presenta a continuación en la siguiente práctica.

# Informática para mayores

> **PRÁCTICA:**
>
> Cree una lista de contactos en Gmail.
>
> 1. Haga clic en el enlace rojo Gmail que se encuentra en la parte superior izquierda de la ventana y seleccione Contactos.
>
> 2. Haga clic en Contacto nuevo, escriba el nombre y el correo electrónico de su contacto y haga clic en Añadir.
>
> **Figura 4.13.** Acceso a los contactos.
>
> - Si, después de agregar un contacto, necesita modificar los datos, acceda a la lista Contactos, haga clic en el contacto para desplegarlo, haga clic en la casilla que quiera modificar y escriba el nuevo dato. Haga clic en **Añadir.**
>
> - Para eliminar un contacto, haga clic en Más, en la barra de herramientas situada sobre el contacto, y seleccione Eliminar contacto en el menú.

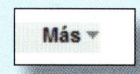

## Importar y exportar contactos

Si tiene más de una cuenta de correo, puede exportar sus contactos de Gmail e importarlos.

89

# Internet. Edición 2015

**PRÁCTICA:**

Exporte contactos de Gmail e impórtelos en otra cuenta.

1. En la ventana de Gmail, haga clic en Gmail y seleccione Contactos, como muestra la figura 4.13.

2. Haga clic en la casilla junto a los contactos que quiera exportar para seleccionarlos. Para seleccionarlos todos, haga clic en la casilla Seleccionar, en la barra de menú.

3. Haga clic en Más y seleccione Exportar en el menú.

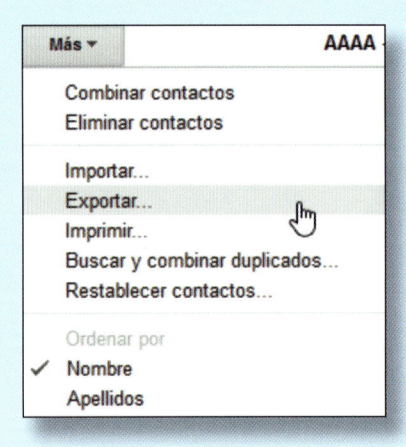

**Figura 4.14.** El menú Más desplegado.

4. Haga clic en la opción precisa. Observe que puede exportar los contactos a un archivo con distinto formato para luego importarlos en otra cuenta del mismo Gmail o en Outlook. Haga clic en **Exportar.**

5. Para importarlos en la otra cuenta, ábrala con la contraseña correspondiente. Haga clic en Gmail>Contactos.

6. Haga clic en la opción Importar contactos, al final de la lista de contactos.

### Informática para mayores

7. Localice el archivo que ha exportado antes (normalmente estará en la carpeta (Descargas) y haga clic en **Importar**. Los contactos aparecerán en la cuenta.

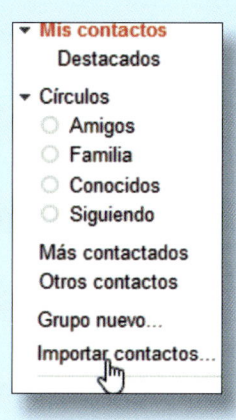

Figura 4.15. Haga clic en Importar contactos.

## Las carpetas

Las carpetas de Gmail clasifican el correo.

- `Recibidos`. Es la primera bandeja que aparece al acceder a Gmail. En ella encontrará los mensajes recibidos que, haya o no haya leído, no haya enviado a otro lugar. Dentro de la carpeta `Recibidos`, encontrará otras dos subcarpetas:
    - `Social`. Haga clic en esta carpeta para leer los mensajes recibidos de las redes sociales en las que tenga cuenta.
    - `Promociones`. Aquí encontrará los mensajes que Gmail supone publicitarios pero que usted no ha marcado como `Spam` (correo no deseado). No los borre sin leerlos, porque puede encontrar revistas a las que se haya suscrito.
- `Enviados`. Aquí se guardan los mensajes que haya enviado. Debajo se encuentra la carpeta `Borradores` que guarda los borradores de mensajes que haya escrito pero todavía no haya enviado. Para enviar un mensaje almacenado en `Borradores`, haga clic en la casilla de selección, complete el

91

mensaje y haga clic en **Enviar.** Si no desea enviarlo, haga clic para seleccionarlo y después haga clic en Descartar borradores, en el menú que aparece encima de los borradores.

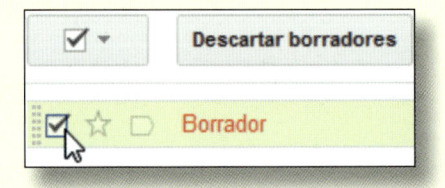

**Figura 4.16.** Un borrador guardado se puede descartar o enviar.

Las carpetas siguientes que puede ver en la figura 4.17 almacenarán los mensajes que usted haya ido clasificando como familia, amigos, bancos, etc. Veremos seguidamente la forma de clasificarlos y de crear carpetas como las que aparecen en la figura.

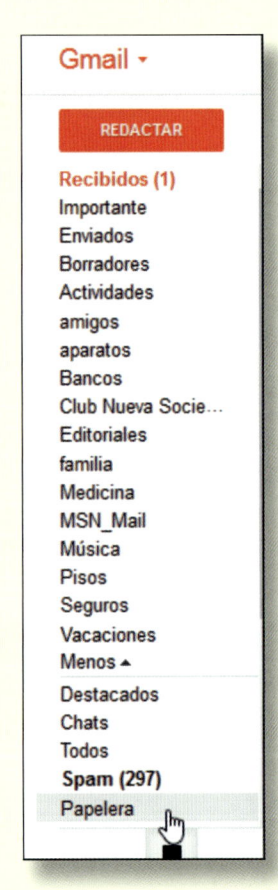

**Figura 4.17.** Las carpetas para clasificar los mensajes.

- Más. El menú Más despliega nuevos menús que no caben en la ventana original. En la figura aparece desplegado y muestra las carpetas siguientes:
    - Todos. Contiene todos los mensajes.
    - Spam. Gmail envía al Spam los correos sospechosos de ser publicidad no deseada o los que usted haya marcado como Spam. Es similar al Correo no deseado de Outlook. Igualmente, conviene revisarlo por si contiene algún mensaje que no sea spam.
    - Papelera. La carpeta Papelera guarda los mensajes eliminados durante 60 días, que es el plazo para eliminarlos definitivamente o recuperarlos.

## Gestión del correo

La gestión del correo en Gmail es similar a la que hemos visto en Outlook. Al acceder a Gmail, aparece la carpeta Recibidos con los mensajes a gestionar.

**PRÁCTICA:**

Gestione sus mensajes.

1. Seleccione el mensaje haciendo clic en la casilla que precede al nombre del usuario. Aproxime el ratón sin hacer clic si quiere ver al remitente.
    - Para agregar el mensaje a una carpeta, haga clic en Enviar a para desplegar el menú y seleccione la carpeta de destino. Haga clic en Crear nueva etiqueta para crear una carpeta, por ejemplo, Bancos. Escriba el nombre de la etiqueta y haga clic en **Crear**. La carpeta se añadirá a la lista de carpetas de la izquierda.

# Internet. Edición 2015

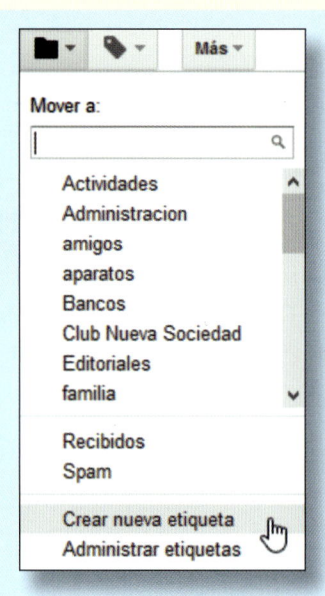

Figura 4.18. El menú para clasificar el mensaje.

- Para eliminar el mensaje, haga clic en el icono **Eliminar**, que muestra una papelera.

- Si se trata de correo no deseado, haga clic en Marcar como spam.

- Si desea guardarlo, haga clic en Archivar, pero es recomendable clasificarlo previamente para que Gmail lo guarde en la carpeta que corresponda. De lo contrario, podrá localizarlo en Todos, al final de la lista de la izquierda que muestra la figura 4.17.

PRÁCTICA:

Responda a un mensaje.

1. Haga clic sobre el mensaje para desplegarlo y leerlo. Al abrirse, aparecerán nuevos iconos.
2. Haga clic en Responder.

**Figura 4.19.** Al desplegar el mensaje, muestra nuevos iconos.

Observe la figura 4.19. En la parte superior del mensaje a responder han aparecido nuevos iconos. Aproxime el ratón para ver su función. El primero de la izquierda es **Descargar todos los archivos adjuntos**. Haga clic en él si el mensaje trae archivos y se descargarán en su carpeta Descargas, como vimos con Outlook.

Al hacer clic en Responder se abre una ventana para redactar la respuesta al mensaje. Aproxime el ratón a la barra de herramientas inferior para ver la función de los iconos. También son similares a los de Outlook y le permiten insertar una fotografía en el texto del mensaje, un emoticono o un hipervínculo para una dirección Web, que aquí se llama **Insertar enlace**.

- **Opciones de formato**. Haga clic para formatear el texto de su respuesta, seleccionando formatos en la nueva barra de herramientas que aparece.

- **Adjuntar archivos**. Este icono tiene forma de clip. Haga clic para adjuntar un documento o imagen y localícelo con el cuadro de diálogo Carga de archivos. Haga clic en **Abrir** cuando lo haya seleccionado. El tamaño del archivo no debe superar 25 MB.

- **Descartar borrador**. Forma de papelera o cubo de basura. Haga clic para descartar el borrador que está escribiendo.

- **Enviar**. Haga clic cuando termine su mensaje.

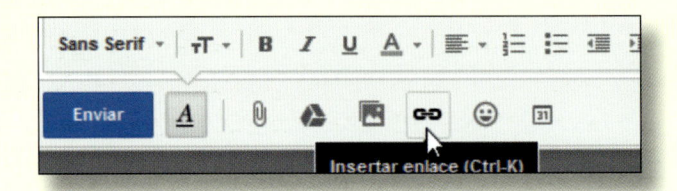

**Figura 4.20.** Las barras de herramientas para escribir un mensaje nuevo o una respuesta.

PRÁCTICA:

Redacte un mensaje.

1. Haga clic en el botón rojo **Redactar.**
2. Haga clic en Para para acceder a la lista de contactos.
3. Haga clic en el contacto o contactos a los que va destinado el mensaje. Cuando termine, haga clic en **Seleccionar.**
4. Si son muchos los contactos que han de recibir el mensaje, es preferible que seleccione uno en Para y después haga clic en CCO para enviar copia oculta del mensaje a los restantes, como hicimos en Outlook.
5. Escriba el texto del mensaje. Gmail lo colocará en Borradores. Aproxime el ratón a la barra inferior de la ventana del mensaje para activar los iconos y poder

> formatear el texto, insertar emoticonos, imágenes en el texto o adjuntar archivos. Puede verlos en la figura 4.20.
> 6. Haga clic en **Enviar** para dar salida al mensaje.

## Las conversaciones de Gmail

Gmail llama conversación a una secuencia de mensajes que se inician con un mensaje y todas las respuestas que suscita. La conversación se genera cuando un usuario hace clic en Responder a un mensaje recibido. Cada vez que uno de los destinatarios haga clic en Responder, se agregará una nueva respuesta enlazada por orden cronológico.

Al final de la conversación, hay una ventana en la que el destinatario puede escribir su mensaje con las opciones Responder y Reenviar. El orden cronológico se inicia en la parte superior de la conversación, con el primer mensaje, y se prolonga en la parte inferior con el último y los que se vayan agregando.

Si elimina un mensaje que forme parte de una conversación, Gmail envía la conversación completa a la Papelera.

Si desea contestar a uno solo de los destinatarios de la conversación, haga clic en Responder, en la ventana del mensaje de ese usuario. Si escribe en la ventana que hay al final, enviará el mensaje a todos.

## Recuperar mensajes

Gmail mantiene los mensajes en la Papelera durante 30 días y, después, los elimina automáticamente. Si ha enviado un mensaje a la Papelera o al Spam, puede recuperarlo como hicimos con Outlook.

# Internet. Edición 2015

> **PRÁCTICA:**
>
> Recupere un mensaje.
>
> 1. Haga clic en la carpeta `Papelera` o `Spam` en la lista de carpetas de la izquierda. Si no están visibles, haga clic en Más, al final de la lista.
> 2. Haga clic en el mensaje con el botón derecho del ratón y seleccione Mover a Recibidos en el menú contextual. Una vez seleccionado, también puede hacer clic en el icono **Mover a** de la barra de herramientas y elegir una carpeta en el menú, como muestra la figura 4.18. Recuerde que puede crear una nueva carpeta sobre la marcha, haciendo clic en Crear nueva etiqueta.

## Buscar mensajes

> **PRÁCTICA:**
>
> Busque un mensaje.
>
> 1. Escriba en la casilla de búsquedas algún dato, por ejemplo, una frase del texto o el nombre del destinatario o remitente, y haga clic en la lupa.
> 2. Si aparecen muchos resultados, haga clic en la pequeña flecha abajo que hay en el interior de la casilla de búsquedas, para desplegar el formulario de búsqueda.
> 3. Rellene los datos que conozca y haga clic en la lupa.
>
> **Figura 4.21.** Haga clic en la flecha para desplegar el formulario.

## Darse de baja en Gmail

Si lo desea, puede darse de baja en Gmail, eliminar la cuenta o, incluso, borrar todo su historial y sus datos de la cuenta y la red social de Google, que es Google +.

**PRÁCTICA:**

Para eliminar su cuenta en Gmail, hay que hacer lo siguiente:

1. En la página principal de Google o en la ventana de Gmail, haga clic en su fotografía y seleccione Cuenta. Puede verlo en la figura 4.22.

2. En la parte superior de la ventana de su cuenta, haga clic en Herramientas de datos.

**Figura 4.22.** La ventana de su cuenta en Google+ y Gmail.

3. En el epígrafe Administración de cuentas, haga clic en Eliminar el perfil y las cuentas de Google y/o en Eliminar la cuenta y los demás datos.

# 5

# LAS BÚSQUEDAS EN INTERNET

Internet ofrece numerosas herramientas para localizar información de todo tipo.

**Libros:** Encontrará información más amplia y detallada sobre búsquedas en Internet en los libros *Cómo buscar en Internet*, *Más Internet* y *Sin salir de casa con Internet*, de esta misma colección.

# TÉCNICAS PARA BUSCAR

La forma más práctica de buscar cualquier información en Internet es utilizar palabras clave, sea cual sea el motor de búsqueda que utilice, como Google con Firefox o Bing con Internet Explorer.

## Búsqueda por palabras clave

Las palabras clave deben escribirse siempre con minúsculas, sin acentos, sin artículos ni preposiciones ni partículas.

### PRÁCTICA:

Aprenda a utilizar palabras clave en una búsqueda sencilla.

1. Ponga en marcha su navegador, haga clic en la casilla de búsquedas y escriba `metro moscu`.
2. Pulse la tecla **Intro** y observe los resultados que arroja el motor de búsquedas de su navegador. Si tiene otro navegador, pruebe a hacer lo mismo. Los resultados serán similares.

3. Haga clic en uno de los resultados. Habrá documentos con información sobre el metro de Moscú, fotografías, imágenes, hoteles, viajes, etc.

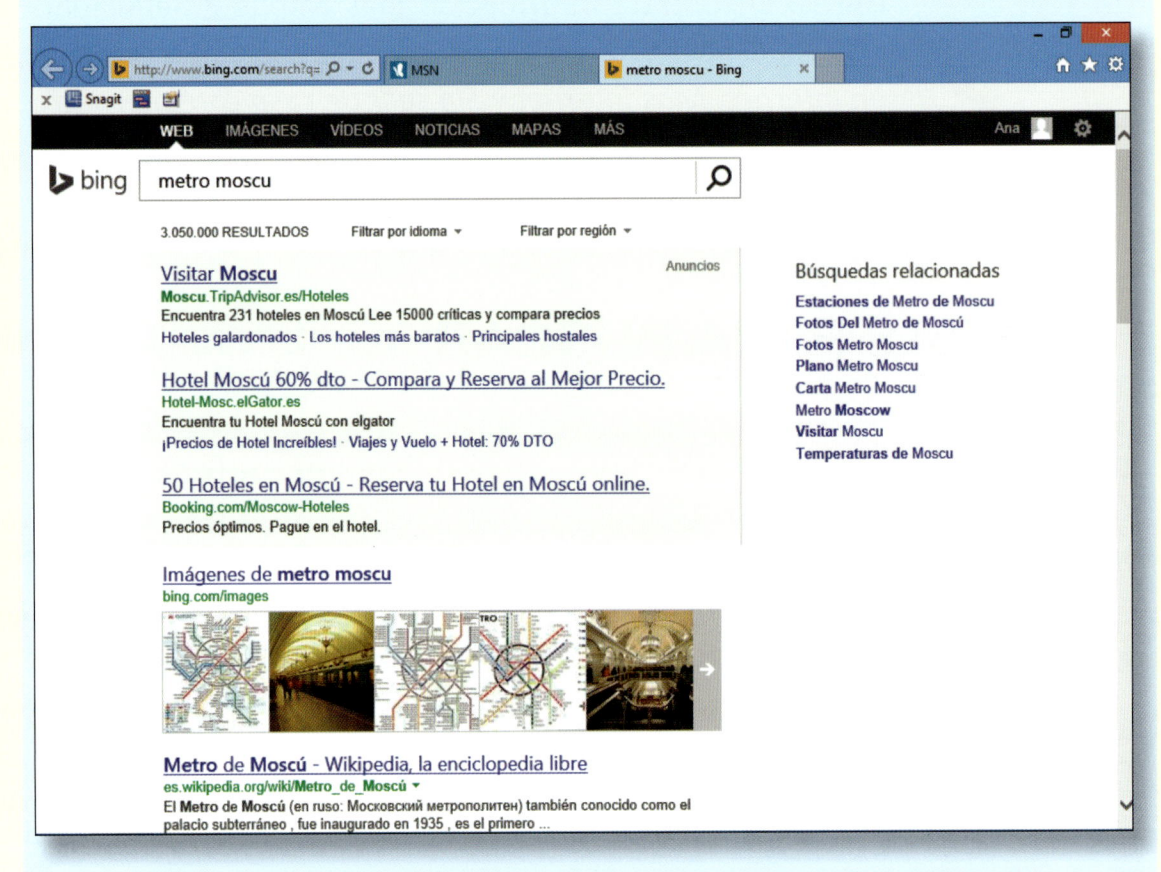

**Figura 5.1.** Los resultados de Bing para el metro de Moscú.

Si utiliza pocas palabras clave, el buscador arrojará excesivos resultados. Para centrar la búsqueda, hay que escribir más palabras clave. Pruebe ahora a escribir `metro moscu historia` y pulse la tecla **Intro**. Encontrará menos resultados, pero más exactos, porque habrán desaparecido los hoteles y los viajes y habrá más textos, imágenes y vídeos relativos a la historia del metro.

# INFORMÁTICA PARA MAYORES

## La búsqueda avanzada

La búsqueda avanzada permite localizar información con mayor precisión, ya que utiliza operadores lógicos que desechan los datos inexactos.

**PRÁCTICA:**

Conozca las funciones de búsqueda de Google.

1. En la página principal de Google (www.google.es), escriba cualquier cosa, por ejemplo, la letra m, en la casilla de búsquedas y haga clic en la lupa.

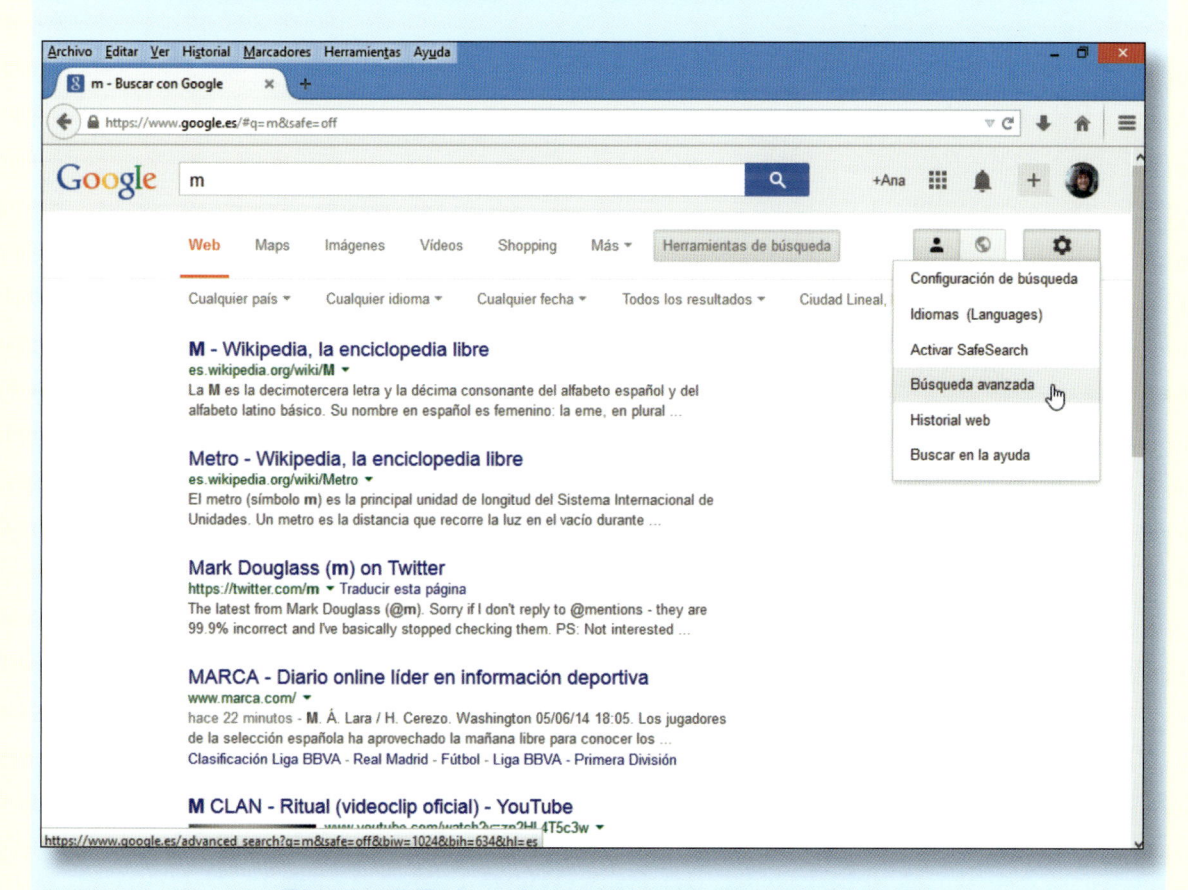

**Figura 5.2.** Las herramientas de búsqueda y la búsqueda avanzada de Google.

103

# Internet. Edición 2015

2. Haga clic en Herramientas de búsqueda para desplegar la barra de herramientas que se ve en la figura 5.2. Observe que ahora puede filtrar su búsqueda por el idioma, la fecha, el país, etc.

3. Haga clic en el botón **Opciones**, que tiene forma de tuerca, y seleccione Búsqueda avanzada en el menú. Observe que ahora puede centrar su búsqueda con exactitud utilizando los operadores lógicos Y, O, NO. Véanoslos a continuación con un ejemplo, en el que buscaremos un libro de García Lorca que no sea poesía, sino teatro o prosa y que se venda en formato físico, de papel, no en formato electrónico.

**PRÁCTICA:**

Practique la búsqueda avanzada de Google.

1. En la página principal de Google www.google.es, escriba las palabras clave `garcia lorca comprar libro papel` y haga clic en **Intro**.

2. Haga clic en el botón **Opciones** y seleccione Búsqueda avanzada.

3. Las palabras clave aparecerán en la casilla todas estas palabras, es decir, el resultado debe de incluir todas esas palabras. Ahora escriba `prosa teatro` en la casilla cualquiera de estas palabras, porque es indiferente que se trate de una obra en prosa o teatral.

4. Por último, como no queremos que sean poemas, escriba `poesia poema` en la casilla ninguna de estas palabras. Haga clic en **Búsqueda avanzada**, al final del formulario.

5. Los resultados son, en su mayor parte, librerías en línea o anuncios de particulares que venden libros de García Lorca en formato de papel. En ninguno de ellos aparecen poemas o poesías. Haga clic sobre los resultados que desee.

## La búsqueda exacta

La casilla esta palabra o frase exactas de la Búsqueda avanzada de Google permite localizar un texto del que se conozca un fragmento. Pero no es necesario recurrir al formulario de Google, sino que basta insertar el fragmento conocido entre comillas. Por ejemplo, probaremos a localizar un poema de García Lorca del que conocemos un verso:

**PRÁCTICA:**

Practique la búsqueda exacta.

1. Haga clic en la casilla de búsquedas de su navegador y escriba "y el caballo en la montaña".
2. Pulse **Intro**. Ahora obtendrá resultados con el poema completo *Verde que te quiero verde*. Haga clic sobre los resultados que desee para verlo y, si lo desea, imprimirlo:
3. Haga clic al inicio del texto y arrastre el ratón hasta el final del poema, para seleccionarlo.
4. Pulse las teclas del teclado **Ctrl-P.** Con ello, el texto seleccionado queda copiado en el Portapapeles de Windows.
5. Ponga en marcha su editor de textos, Word, WordPad o el Bloc de notas de Windows. Haga clic sobre él y después pulse las teclas **Ctrl-V,** para pegar el texto.

# Internet. Edición 2015

Ahora puede guardarlo o imprimirlo con las opciones del editor de textos. También puede imprimirlo con el navegador, seleccionándolo y haciendo clic en Archivo>Imprimir, como vimos en el capítulo 1.

**Figura 5.3.** El texto seleccionado para copiarlo o imprimirlo.

## Buscar imágenes, vídeos, mapas y noticias

En las búsquedas anteriores, hemos encontrado páginas Web con texto, imágenes, noticias, vídeos, etc. Para encontrar imágenes, vídeos, música, mapas o noticias, utilizaremos los recursos de los buscadores.

## INFORMÁTICA PARA MAYORES

**PRÁCTICA:**

Busque vídeos e imágenes con Bing.

1. Ponga en marcha Internet Explorar y haga clic en Bing.

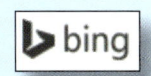

2. Observe la ventana de Bing que ofrece una barra de herramientas completa en la que seleccionar Imágenes, Vídeos, Noticias, Mapas, así como acceso directo a Outlook.

3. Para seguir con García Lorca, escriba `bodas de sangre` en la casilla de búsquedas y haga clic en Vídeos. Si lo prefiere, escriba `la zapatera prodigiosa` o la obra que prefiera.

4. Haga clic en el vídeo que desee. Encontrará escenas de teatro o ballet.

5. Haga clic en la casilla de búsquedas de Bing, y escriba `goya cartones` en la casilla de búsquedas y haga clic en Imágenes.

6. Si desea descargar una imagen, haga clic sobre ella con el botón derecho del ratón y seleccione Guardar imagen como. Pero, antes de guardarla o imprimirla, es conveniente elegir imágenes de alta resolución para que tengan mejor calidad. Aproxime el ratón a uno de los cuadros para ver el tamaño en píxeles.

7. Haga clic en Tamaño, en el extremo izquierdo de la barra de herramientas, y seleccione Grande en el menú. Puede verlo en la figura 5.4.

8. Observe que ahora todas las imágenes tienen un tamaño mayor que el anterior.

9. Pruebe ahora a buscar imágenes con el buscador de Google, en `www.google.es`. Escriba las palabras clave en la casilla de búsquedas y haga clic en las opciones

107

# Internet. Edición 2015

Imágenes, Mapas o Vídeos, que muestra la figura 5.2. Después podrá aplicar los filtros de Google haciendo clic en Herramientas de búsqueda.

**Figura 5.4.** El menú para seleccionar el tamaño de las imágenes a buscar.

## Buscar mapas

Para buscar mapas, es preciso indicar una localidad, incluso una calle dentro de determinada localidad.

### PRÁCTICA:

Busque su calle en el mapa.

1. En la casilla de búsquedas de Google, escriba la dirección de su vivienda con el formato siguiente: Nombre de la calle, número, ciudad. El mapa aparecerá cuando pulse la tecla **Intro**. También puede hacer clic en Maps.

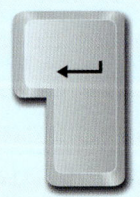

**INFORMÁTICA PARA MAYORES**

2. Haga doble clic en el mapa para ampliarlo y ver las herramientas.

- Haga clic en el botón **Zoom** que muestra un signo de suma, para acercar el mapa o en el botón que muestra el signo de resta para alejarlo.

- Haga clic en el botón **Tierra** para obtener una vista vía satélite. Para regresar al mapa, haga clic en el mismo botón que ahora se llamará **Mapa**.

- Haga clic en el icono **Ver imágenes de StreetView**, que muestra una figura humana, arrástrelo y suéltelo sobre la zona del mapa que desee visitar. Haga clic en el mapa y arrástrelo a uno u otro lado para continuar la exploración. Para regresar al mapa, haga clic en la opción Volver al mapa, que ahora aparece en el botón **Mapa** anterior.

**Advertencia:** No todos los elementos de un mapa se pueden ver con StreetView. Si el icono **Ver imágenes de StreetView** no muestra una fotografía mientras lo arrastra, no podrá obtener una vista porque Google no ha fotografiado esa zona.

## Buscar noticias

También puede buscar una noticia escribiendo algunas palabras en la casilla de búsquedas de Bing, por ejemplo, `bolsa de madrid ibex 35`, y haciendo clic en Noticias.

**109**

# 6

# EL LADO PRÁCTICO DE INTERNET

La Red tiene un lado lúdico y un lado práctico. Veamos algunos de los recursos prácticos más interesantes.

> **Libros:** Los libros *Facebook para mayores* y *Twitter para mayores* de la colección *Títulos especiales* y los libros *Redes sociales, Cómo buscar en Internet, Más Internet* y *Sin salir de casa con Internet,* de esta misma colección, describen y explican con detalle los contenidos lúdicos y prácticos de Internet.

## LA ADMINISTRACIÓN EN LÍNEA

La Administración tiene su sede en línea en la dirección `www.060.es`. Es un portal que reúne enlaces a todos los servicios de la Administración central, como Trabajo, Educación, Cultura o Impuestos, que dan acceso a los organismos públicos correspondientes. Desde aquí puede pedir cita previa para la declaración de la Renta, solicitar cita médica, comprobar el estado de las costas, conseguir el DNI electrónico y cualquier otro servicio público.

Otra página interesante se encuentra en la dirección `www.guiadeayuntamientos.info`. Aquí podrá localizar todos los ayuntamientos de España, haciendo clic en el mapa sensible o escribiendo el nombre de la localidad en la casilla del buscador (véase figura 6.1).

## EL BANCO

Gestionar la cuenta bancaria en línea ahorra tiempo y esperas. Su banco le facilitará las claves de acceso a su cuenta para que pueda controlar los gastos y los ingresos, hacer transferencias, gestionar el ahorro, anticipar la pensión, ver el extracto de la tarjeta de crédito, etc.

# INTERNET. EDICIÓN 2015

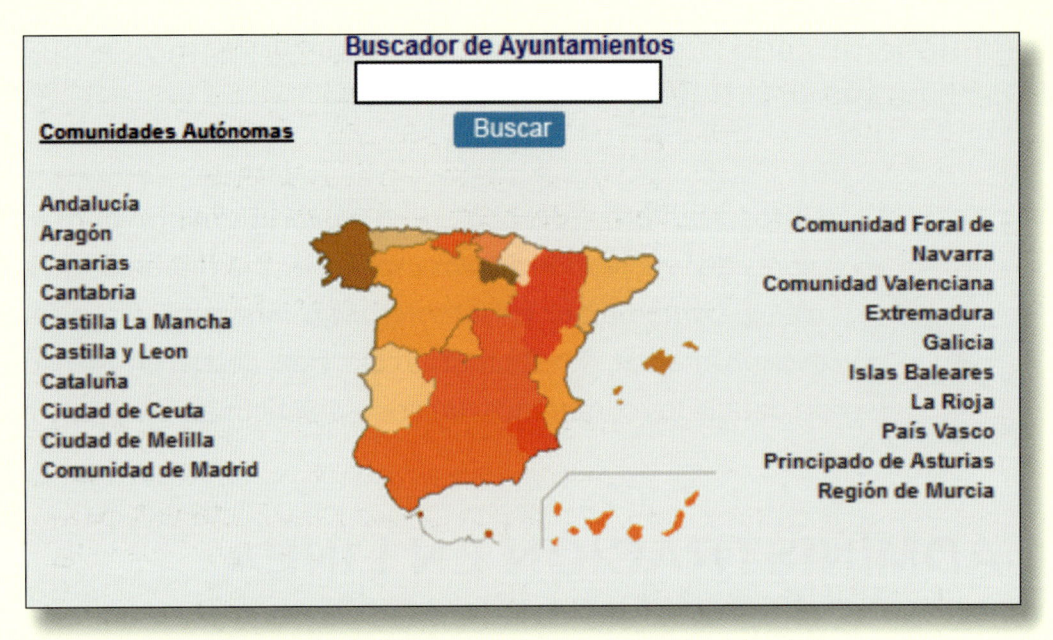

**Figura 6.1.** El buscador de ayuntamientos.

## LA COMPRA EN LÍNEA

Comprar en Internet es fácil y, en muchas ocasiones, económico. Existen ofertas exclusivas para compras en la Red, por ejemplo, billetes de avión o productos de grandes almacenes como Alcampo, Carrefour o El Corte Inglés.

> **Truco:** Localizar en Internet tiendas conocidas es tan fácil como escribir su nombre en la casilla de búsquedas de Bing o Google, por ejemplo, `el corte inglés`, `carrefour`, `fnac` o `la casa del libro`.

El método más certero para encontrar un objeto es el que aprendimos en el capítulo anterior, escribir palabras clave en la casilla de búsquedas para localizar el producto deseado.

**INFORMÁTICA PARA MAYORES**

Por ejemplo, si vive en Madrid y necesita adquirir un lavavajillas, lo más práctico es escribir `comprar lavavajillas madrid`. Si quiere comprarlo directamente en Internet, escriba `online` en lugar del nombre de su ciudad. Después sólo tendrá que hacer clic en las páginas Web que le resulten más interesantes y comprobar ofertas, precios, información del aparato, disponibilidad, garantías y gastos de envío.

**Nota:** Las compras en Internet están sujetas a la misma legislación que las compras en tiendas físicas. Usted sigue teniendo los mismos derechos de devolución y garantía.

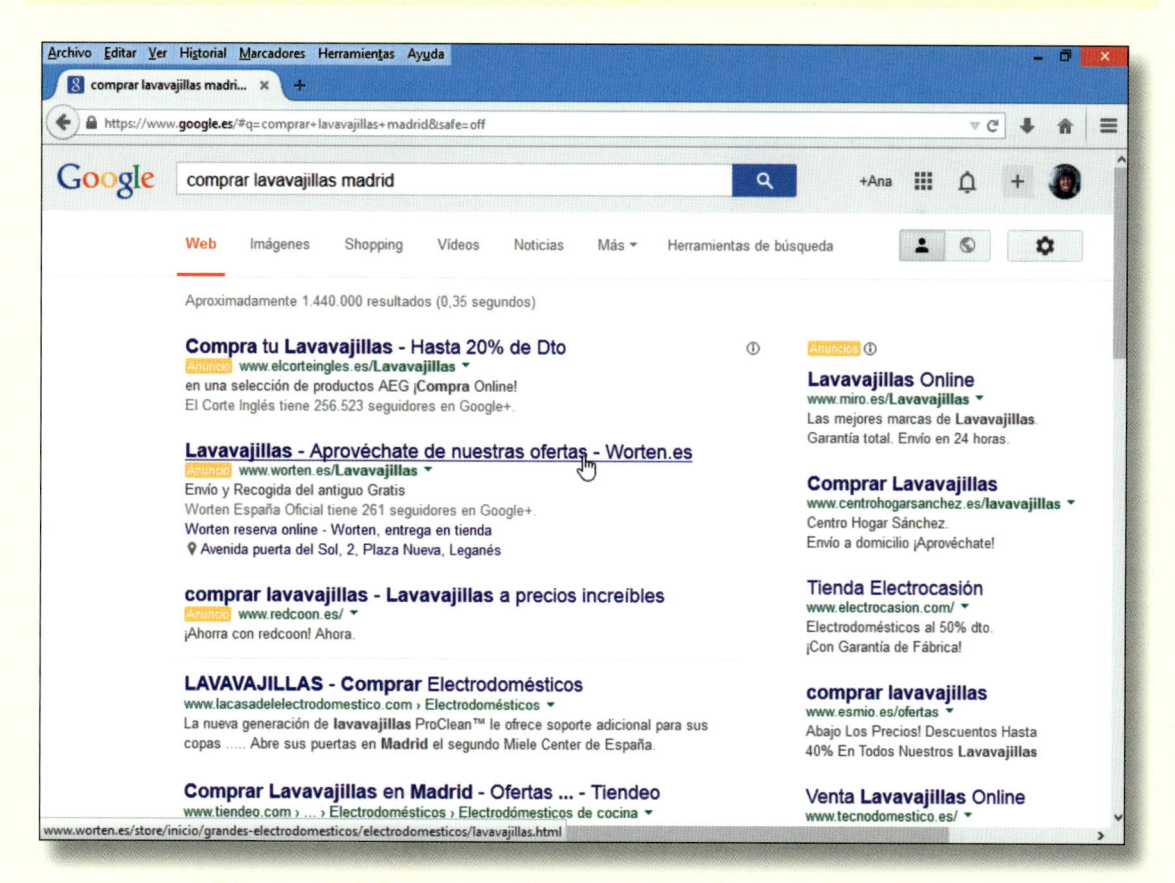

**Figura 6.2.** Busque electrodomésticos en Internet.

113

# Internet. Edición 2015

## El alquiler y los servicios en línea

Alquilar un aparato, un piso o un coche en línea es otro de los puntos prácticos de Internet. La mayoría de las empresas tienen su página Web en la que podrá localizar y, si lo desea, contratar servicios de reparaciones, portes, recogida y envío de maletas, alquiler de aparatos, etc. Utilice las palabras clave que hemos aprendido para localizar lo necesario, por ejemplo, si tiene que viajar y no desea cargar con maletas pesadas, escriba `transporte equipaje`.

**Figura 6.3.** Servicios de transporte de equipaje y portes económicos.

### Alquilar un coche

Comprar un coche por Internet es igual que comprar otro objeto, como un piso o un crucero de vacaciones. Para un coche nuevo, escriba `comprar` y la marca del coche en la casilla de búsquedas. Si desea un coche usado, puede buscarlo en las páginas de *Segundamano* en la categoría Vehículos>Coches.

También puede escribir las palabras clave en el buscador habitual, por ejemplo, `comprar twingo ocasion`. Encontrará particulares y también talleres que venden coches de ocasión con una garantía de tres a seis meses. Si lo que quiere es vender su automóvil, cualquiera de las páginas de coches de ocasión le dará una pista de los precios y algunas le facilitarán la inserción de su anuncio, como la citada *Segundamano*.

Pero alquilar un coche es diferente, porque actualmente existen algunos sitios Web donde se pueden alquilar coches particulares a un precio muy reducido. La transacción está bien controlada, pues es imprescindible darse de alta, aportar datos personales y documentación del vehículo, en el caso del propietario, o del conductor, en el caso de quien alquila. Si desea informarse, puede dirigirse a www.socialcar.com o a www.bluemove.es. También puede utilizar el método de palabras clave escribiendo en el buscador habitual, por ejemplo, `alquilar coche particular valencia` o eliminar la palabra `particular` si prefiere alquilarlo a una empresa tradicional.

## Libros, música y películas

En Internet es fácil localizar libros, discos o películas en formatos físicos, que se reciben por correo o mensajería. Solamente hay que escribir el título e indicar el formato, por ejemplo, `comprar dvd "lo que el viento se llevo"`. Al escribir `"lo que el viento se llevo"` entrecomillado, evitará encontrar Dvd con otros títulos que mencionen el viento.

Pero si lo que quiere es adquirir libros, música o vídeos en formato electrónico, solamente tiene que escribir las palabras clave `comprar` y el título de la obra, sin añadir `dvd`. Encontrará la obra deseada con todos los formatos disponibles. Si es un libro, lo encontrará en papel y en los formatos digitales que admiten los lectores de libros electrónicos. Si es una película, la encontrará en formato físico y electrónico, para verla en línea con un reproductor digital instalado en su equipo, o bien, para alquilarla o comprarla.

# Internet. Edición 2015

**Advertencia:** Recuerde las recomendaciones que indicamos en el **capítulo 2. La seguridad en Internet**, para transacciones y pagos en la Red.

## La compra-venta en Internet

Internet es un lugar excelente para encontrar artículos de segunda mano y para vender lo que desee. Se pueden utilizar las páginas de la popular revista *Segundamano*, que se encuentra en www.segundamano.es, para insertar anuncios gratuitos o localizar el objeto deseado, desde una antigüedad hasta un apartamento.

Segundamano ofrece un mapa sensible similar al de los ayuntamientos, en el que puede hacer clic para ir directamente a su provincia y después seleccionar en el menú el tipo de artículo que quiere comprar o vender, desde un piso hasta un libro.

**Figura 6.4.** Segundamano en la Red.

## INFORMÁTICA PARA MAYORES

**PRÁCTICA:**

Ponga un anuncio en *Segundamano* en línea:

1. Escriba www.segundamano.es en la barra de direcciones de su navegador y pulse la tecla **Intro**.

2. Haga clic en Pon tu anuncio gratis.

3. Escriba el artículo que desee vender, por ejemplo, cuadro y haga clic en **Buscar categoría**.

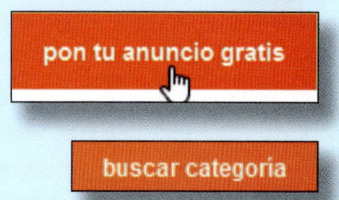

4. Haga clic en el botón de opción que corresponda al cuadro que desea vender. Escriba su código postal, el título del anuncio, la descripción y el precio.

5. Haga clic en Subir foto, localice la fotografía con el cuadro de diálogo Carga de archivos y haga clic en **Abrir**.

6. Rellene sus datos, haga clic en la casilla para aceptar las condiciones y luego haga clic en **Continuar.**

7. Escriba una contraseña y haga clic en **Vista previa**.

8. Si le parece satisfactorio, haga clic en **Publica ahora**.

# A

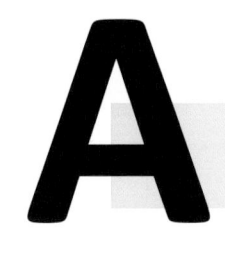

## Apéndice

## LA NUBE

La nube es el nombre genérico que reciben las plataformas capaces de almacenar archivos en Internet, en lugar del disco duro del usuario, ya se trate de archivos originales o copias de respaldo. Estas plataformas le permiten almacenar y acceder a sus archivos desde cualquier dispositivo como su ordenador, un telecentro, su teléfono móvil o una tableta.

### Dropbox

Dropbox es una plataforma en línea que permite alojar archivos para compartirlos con otras personas o bien para poder acceder a ellos desde cualquier ordenador o dispositivo con conexión a Internet, utilizando un nombre de usuario y una contraseña. Se podría comparar a un disco duro en el que almacenar información pero que, en lugar de encontrarse en su ordenador, se encuentra en la nube, es decir, en un lugar, en principio seguro, de Internet.

**PRÁCTICA:**

Instale Dropbox:

1. Vaya a www.dropbox.com y regístrese con un nombre de usuario y una contraseña. Al registrarse, el programa se descargará en su equipo.

2. Haga doble clic sobre el archivo Dropbox que encontrará en la carpeta Descargas para instalarlo.

3. Dropbox ofrece varios niveles de capacidad de alojamiento. El primero de ellos es gratuito. Haga clic en **Siguiente** para aceptarlo.

4. Haga clic en **Instalar** para aceptar la configuración típica del programa.

# Internet. Edición 2015

5. Si lo desea, puede indicar su teléfono móvil para utilizar también Dropbox vía telefónica.

6. Dropbox le ofrece una visita guiada. Haga clic en **Saltar visita guiada** si no desea realizarla.

7. Haga clic en **Finalizar**

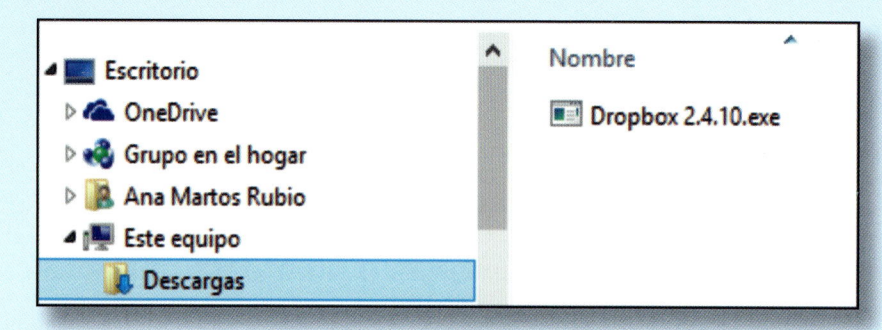

**Figura Ap.1.** El archivo de Dropbox en la carpeta Descargas.

Al finalizar la instalación, el programa colocará un icono en su escritorio, así como un mosaico en la pantalla Inicio de Windows 8. También pondrá un icono en la barra de inicio rápido de Windows, en el extremo inferior derecho del Escritorio, junto al icono del altavoz y el reloj.

## Configuración de Dropbox

**PRÁCTICA:**

Configure Dropbox:

1. Haga clic en el mosaico Escritorio para acceder al Escritorio de Windows.

2. Haga clic con el botón derecho en el icono Dropbox y, en la ventana que se despliega, haga clic en Dropbox.com, que es la opción para acceder a Dropbox en Internet.

## INFORMÁTICA PARA MAYORES

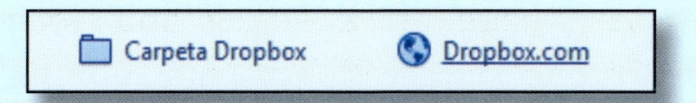

**Figura Ap.2.** La opción para acceder a Dropbox en Internet.

3. Haga clic en Iniciar sesión y escriba su contraseña.

4. Para configurar su espacio en cuanto a seguridad, haga clic en la flecha abajo que aparece junto a su nombre (en la parte superior derecha de la ventana) para desplegar el menú y seleccione Configuración.

**Figura Ap.3.** El menú para configurar Dropbox y la flecha que lo despliega.

5. La pestaña Perfil permite configurar sus preferencias. Haga clic en Editar si quiere aplicar alguna modificación.

6. Haga clic en la pestaña Seguridad si necesita modificar su contraseña.

7. Para salir de Dropbox, haga clic en la flecha abajo junto a su nombre y seleccione Salir en el menú.

**INTERNET. EDICIÓN 2015**

## Alojar vídeos en Dropbox

La ventana de Dropbox ofrece iconos para subir vídeos, fotografías o documentos a la plataforma, pero utilizaremos una forma mucho más sencilla para subir un vídeo.

**PRÁCTICA:**

Suba un vídeo a Dropbox:

1. En la pantalla Inicio de Windows 8, haga clic en la lupa y escriba `dropbox` en la casilla de búsquedas.

2. Haga clic con el botón derecho en la aplicación Dropbox y seleccione Anclar a inicio. Mueva el mosaico al lugar que desee.

**Figura Ap.4.** Dropbox entre las Aplicaciones de Windows.

3. Haga clic sobre el mosaico para abrir la carpeta de Dropbox en el Explorador de archivos de Windows.

4. Localice un vídeo en una carpeta de su equipo, por ejemplo, en Vídeos.

# Informática para mayores

5. Haga clic en el vídeo y arrástrelo con el ratón sobre la carpeta Dropbox, que se encontrará en la zona superior izquierda del Explorador de archivos. Si son vídeos pequeños, puede subir dos al mismo tiempo.

6. Cuando suelte el botón del ratón, Dropbox comenzará a subir el vídeo. Compruebe el proceso aproximando el ratón, sin hacer clic, al icono de Dropbox en la barra de inicio rápido.

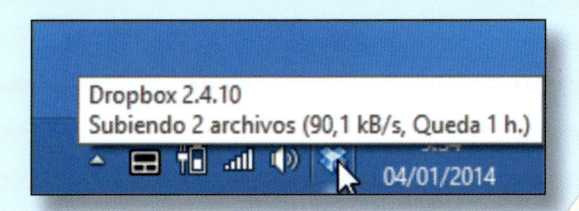

**Figura Ap.5.** El icono de Dropbox indica que está subiendo dos vídeos.

## Compartir vídeos en Dropbox

Una vez finalizado el proceso de subir el vídeo a Dropbox, la carpeta de Dropbox en el Explorador de archivos de Windows mostrará la marca verde junto a su miniatura. Ahora puede compartir su vídeo con sus amigos, por correo electrónico o a través de Facebook. (Véase figura Ap.6.)

**PRÁCTICA:**

Comparta el vídeo de Dropbox:

1. Haga clic en Dropbox.com que es la opción para acceder a Dropbox en Internet.

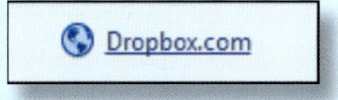

2. Haga clic en Iniciar sesión y escriba su contraseña.

# Internet. Edición 2015

3. Localice el vídeo a compartir en la ventana de Dropbox y haga clic sobre él con el botón derecho del ratón. Seleccione la opción Compartir vínculo.

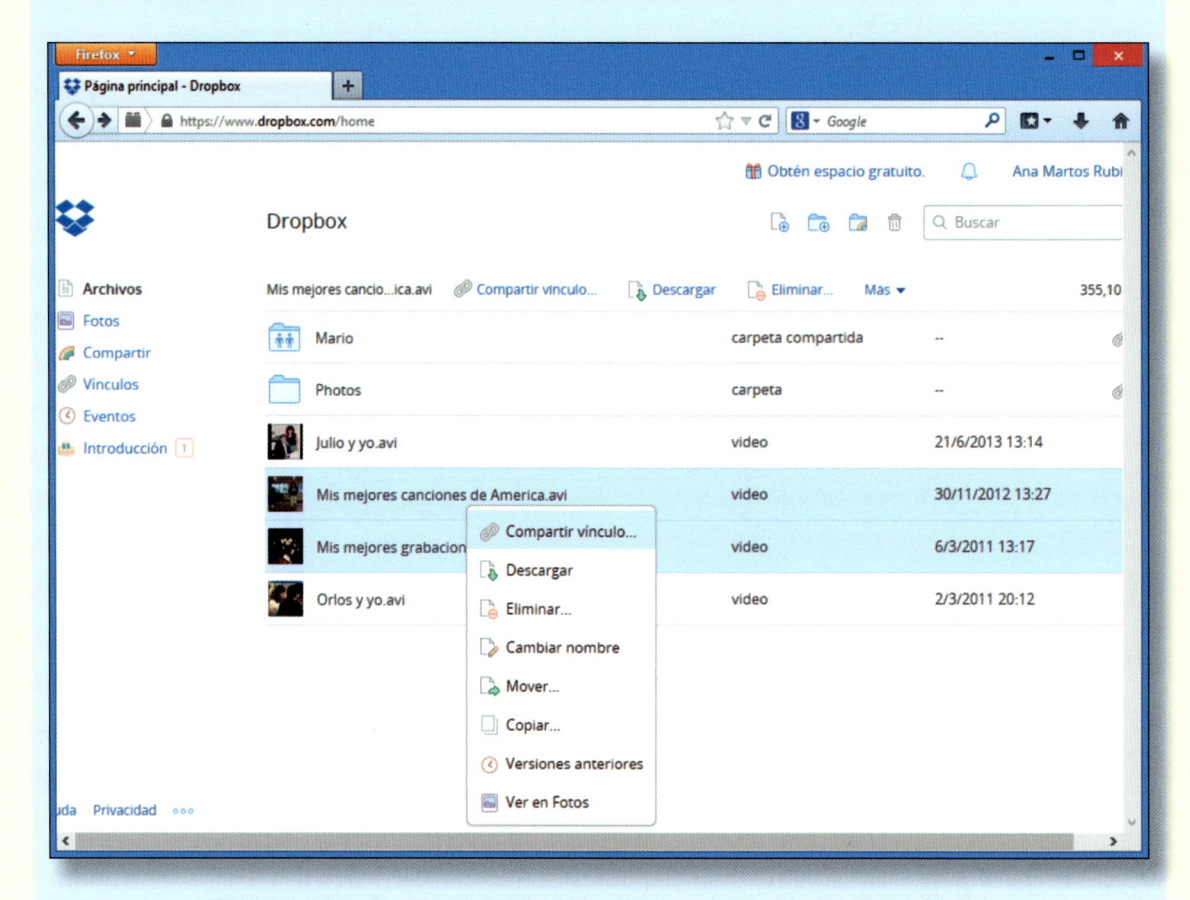

**Figura Ap.6.** Comparta el vídeo alojado en Dropbox.

4. En la ventana Compartir este vídeo, observe que hay iconos para compartirlo en redes sociales o por correo electrónico.

    - Para compartirlo en Facebook, haga clic en el icono de Facebook, que tiene el logotipo con la letra F.

    - Para compartirlo por correo electrónico, escriba la dirección de correo del destinatario en la primera casilla.

124

5. En cualquier caso, escriba el nombre del vídeo y haga clic en **Enviar.**

- Si ha elegido el icono de Facebook, aparecerá la ventana Compartir en Facebook. Haga clic en el botón **Compartir en Facebook**. Facebook le presentará la ventana Inicia sesión con Facebook, indicando que Dropbox quiere publicar su vídeo de forma pública. Haga clic en el icono Público y modifique la privacidad eligiendo, por ejemplo, Amigos. Haga clic en **Aceptar** para permitir a Dropbox publicar su vídeo en Facebook.

- Si ha elegido compartir el vídeo por correo electrónico, podrá permitir o no que los destinatarios inviten a otras personas a ver su vídeo.

## OneDrive

Windows 8 ofrece una plataforma gratuita similar a Dropbox, que es OneDrive. Para acceder a ella, haga clic en el mosaico OneDrive que encontrará en la pantalla Inicio.

OneDrive se comporta como los restantes mosaicos de Windows 8.

### PRÁCTICA:

Suba archivos a la plataforma OneDrive:

1. Haga clic en el mosaico OneDrive.
2. Haga clic con el botón derecho. Seleccione el icono **Más**, en el extremo derecho de la barra de herramientas que aparece, y haga clic en Agregar archivos.

125

**Figura Ap.7.** Agregue archivos a OneDrive.

3. Seleccione la carpeta en que se encuentra el archivo que quiere agregar, por ejemplo, Imágenes, o el disco externo, haga clic en el archivo que quiera subir y después haga clic en **Copiar en OneDrive**.

4. Al finalizar la carga, haga clic con el botón derecho del ratón sobre el documento, imagen o vídeo para ver la barra de iconos.

5. Si quiere compartir el archivo, haga clic en **Compartir** y seleccione Invitar a personas.

6. En el formulario que aparece, escriba la dirección de correo electrónico del destinatario.